イナリコード
The INARI CODE 外伝

日本の霊性、最後の救済

サルタヒコの霊統によるメッセージ

《土公《つちぎみ》みことのり》

今日の話題社

サルタヒコの霊統によるメッセージ《土公《つちぎみ》みことのり》神託

1

平成八年二月三日　十二時二十分
椿大神社《つばきおおかみやしろ》（猿田彦大本宮）本殿参拝後、高山土公神陵《たかやまどこうしんりょう》前にて

1―1

今の世　物の上に立っておるぞ　物崩れれば形無くなるぞ
物云う世は　物無くなれば成り立たぬ世であるから
物はできるだけ　ひかえておること大事である
灯りも　煮炊きも　旅するも　食べるも　話すも
みな物の上に成り立っておる

1-2
物は紙の約束事によって仕組まれておる
約束事崩れれば　紙はただの紙切れぞ
紙は金でないぞ　紙は紙じゃ
約束事こそ金じゃ　物の世でも約束事大事とある

1-3
はるか昔より　天の安河にて約束事（誓契《うけひ》）のあったように
神の世も　人の世も　約束事守ること大事である

1-4
世の変わり目は　この約束事の結び目解くぞ　神が解くのじゃ
解けば何もかも崩れていくぞ

1-5
そのとき　人の世にとりて何が大事であるかわかるものだけ
次の世を迎える種なる人となるのじゃ
大事なのは人の種じゃ　神の心を宿した人の種じゃ

1-6
光の種である　物の種を光の種にかえることぞ
光の種　土にまくぞ　光の樹が成りなるのじゃ
光の樹に　光の実なるぞ　人の世は神の世となり　光の息となる
土は大事ぞ　これからは土の世ぞ　大地にしっかり根を張る世ぞ

1-7
紙の約束ではなく　分に応じた徳で返す世となる
紙の金　偽り多かれど　徳の金　隠し事できぬぞ

1-8
物食わねで死ぬることなきことを
これからの世の人々は知ることになるぞ
人はただ　光りておれば　生命は永遠に続くのじゃ

1-9
光の言葉を放てよ　光りた思いでおれよ
ただ光りておればよい　何も考えることいらず

1-10
何を云われても　黙っておるのじゃ
何をされても落ちついて　相手の反応に合わさぬがよい

1-11

ただ光りておれば　世の中変わる
世の現れに心まどわすなよ　これから起こることに心とらわれるなよ
心惑いて心とらわれておると　うその世に巻き込まれてしまう
おのがまこと（真実）の姿見えなくなるぞ

1-12

おのがまことの姿は　ただ光りてある姿ぞ
光りてあらば　まわりのすべてが変わりゆく
さんざん人にこづきまわされたように見えれども
さんざん人にいいように使われて見えようとも　それは幻じゃ
おのが命は　何も変わらぬ

1-13
まわりの現れにとらわれるなよ　まわりはうそもの（虚栄）じゃ
おのが光りて生きる道　それはまことの道である
夫婦　兄弟　親子のきずな（絆）も　現れにすぎぬぞ
おのが光りておれば　すべて変わるぞ

1-14
人の言葉に光と影があるぞ　光の言の葉だけに耳をかせよ
光のようにふるまう影の言の葉あるぞ　気をつけませい
光のようにふるまう影の笑顔あるぞ　よくよく見極めよ

1-15
これからにせもの（偽予言者・偽神使）多くでてくるぞ
にせものは人を集めたがるぞ　人の目や言葉を気にする

（偽者は）ひとりで歩かぬぞ　人に守られるのが好きじゃ
ただ光りてあるもの　他に何もいらぬ
おのが光りてあることは　神と共にあることであるから
淋しくも心細くもないぞ
光りて生きることは　頭では何も考えぬことぞ
頭であれこれ考えると　とかくろくなことにならぬ

1-16

頭は人の世のものさし　ひらめきは神の心

1-17

人がはかりごと（策謀）に落ちるのは
人が恐れをもっているからじゃ
恐れなくば　はかりごと叶わぬ

神が何事も無き道へ導いてくださる

1-18

恐れをもたば罠にはまるぞ

1-19

悪しき思いをもつもの　生きておるものの中にも
死しておるものの中にもあるぞ

1-20

これからは　おのが思いに世の中を操りたいと思うて
ただその事だけ　年がら年中思うておるから
思いも重ねると力を増してくる

1-21
なかなかの策の網をもちて　人々をがんじがらめに
いちもうだじん（一網打尽）にしてしまおうと悪だくみをしておる

1-22
絵ときは上から見ればよく見える
あのものがこうしようとしておる　このものがああしようとしておる
おろかなるものどもよ（真実の眼で物事を見ようとしない人々よ）
世の中がまるでひっくりかえることを　知らぬてごくろうな
おのが賢しと思うておるもの　おのが強いと思うておるもの
おのが偉いと思うておるもの　おのが美しと思うておるもの
おのが馬鹿と思うておるもの　おのが弱しと思うておるもの
おのが卑しきと思うておるもの　おのが醜きと思うておるもの
これすべておろかなり（真実の姿ではない）

1-23

ただ日々の中にありて　人を慈しみ　人を大事にし
人を生かし　おのも喜びて生かされ
大いなる和をもちて暮らしておるもの　そのままが神の姿なり
神はその姿をたからかに誉め愛しむ
その姿こそ光りて生きることぞ

1-24

人の悲しみを見て　その悲しむ心を光で包みてくだされや
人の怒りに会いて　その怒る心を光で包みてくだされや
人の苦しみを見て　その苦しき心を光で包みてくだされや
人の喜びを見て　その喜び心を光で包みてくだされや

1-25

人の哀れを見て　その哀れなる心を光で包みてくだされや
人の世のはかなき（流転輪廻）を見て
そのはかなき世をおのが光で照らしつくしてくだされや

1-26
この星の心を愛しむ心ぞ　くにつかみ　国照《クニテル》の心となこの星の生きとし生くる者　おのが光で照らす心ぞ
あまつかみ　天照《アマテル》とな
にぎにぎしく照り昇る朝日の心ぞ　にぎはやひとな
これ悟りの心ぞ

1-27
すめらみことが出る世ぞ
みこともちはあちらこちらで出てくるぞ

それぞれを大たばねするお方が　すめらみこと
悟られしものが　みことをのるぞ
世の中のあちらこちらでみことのりがはじまりておる

1-28
大和のひのもと（霊の元）の黄泉《よみ》返りぞ　世の中大きく変わるぞ
心せよ　みなみな心いたせよ

2

同（平成八年二月三日十六時三十分）、椿大神社高山土公神陵前

2-1
これよりの世は社はいらぬぞ　社あるから物入りじゃ
金のかからぬ世となるから　物もてば苦しむぞ

社に仕えるものおろかなる　祈る心とぞ重きなること

2-2
祭る御しるしは柱である　祈る心根こそ神は見届ける
神の氣の降りるところは　人の心の氣にぞありける
人の心の氣　集まりて澄み切りてこそ神の白庭《しろにわ》となる
社ではないぞ　人の心の的が大事ぞ
なんとなれば社でもよい　はじめに心ぞ　次に的じゃ

2-3
神の柱は人の心の中に立つものぞ
人の体はみやしろ（宮代＝神の御社・神の御魂代）じゃ

2-4

奉る心もちて真直ぐに立つとき
そのままがみやしろとなる

2-5

手を合わせるぞ　神と人の心はひとつとなる
この世の目に見る柱はあくまで的じゃ
そこのところに集まりくるためのものにすぎぬて

2-6

人の美しい心が　美しい神庭《かむにわ》を作るのじゃ
美しい心で祈れよ　美しいものばかりが寄りてくる
見た目に惑わされてはならぬぞ
美しいとは　清々しいことじゃ　すっとしておることをいう

澄み切りて水晶のような心じゃな　玉である

2-7
神の御柱《みはしら》の立つ神庭には　浄まった玉が集まるぞ
もはやそのときは神主を仕事としておるものはおらぬぞ

2-8
社は崩れてもよい　はるか昔のひもろぎ（神籬）の世にもどすのじゃ
ひもろぎの世に物はいらぬぞ　金はかからぬ
人の美しい心がいるのじゃ　人の美しい声が結びゆく世じゃ
あれこれ物言うことは無くなるぞ　物でかたづく世は終る
すべからく心のありかたじゃ　心と心が何も言わずとも
通じ合う世となるぞ　言の葉は多くはいらぬ

2-9

素直が肝心　素直であれば思い通じるぞ
あれこれ悩む心配はない　ただ　すっとしておればよいのじゃ
互いの心が見えてくる　澄み切りておれば神の世界じゃ
人の悪心まる見えじゃ　下心ありて寄りてくるものお見通し
だまされぬ世となるぞ　よこしま（邪）なものの転落じゃ

2-10

またはじめからやり直し　ごくろうなことじゃ
はじめというは　もののはじめぞ
人の世からでないぞ　ちりからじゃ
気の遠くなるほどの世まで　人の心はもたせてもらえぬぞや
じゃから　ごくろうというておる
もう間に合わぬぞ　神はわけたり　人の世の白と黒

澄み切りの心　てんじょうびと（天上人）となるぞ
光に満ちあふれておる世界
汚れたる心でもよこしま（邪）なる心でなければ
もとに戻った世界でやり直しできるぞ
よこしま（邪）なる心のもの　何も無くなる
もう地獄も何もないぞ

2-11
これからは人の世のはじめからはじめるものと
光に満ちあふれた神の世に生まれるものと
何もない粒のひとつになるものに別れるのじゃ
三つに分かれるぞ　もうおのおのが決められたのじゃ
今年（これから）はその型どおりにはまっていくぞ

光の世に行くものわずか　次の世からはじめるものわずか
粒になるものほとんどじゃ

2-12

最後の一瞬　神に詫びてくだされや
恩になったものすべてにその恩の一部も返せんかったこと
心から詫びてくだされや
親や妻、夫、子、友、すべてにじゃ
おのが身に不幸を与えしものすべてを許してくだされや
おのがすべてを許し　まわりのすべてを許すのじゃぞ
これが人の世に下された最後の道じゃ
最後の慈悲とでもいおうか

2-13
さりとてこの道　神のはじめの道であり最後の道でもある
これを行のうたからとて　神の世に行けるとは限らぬ
人の世ではじめから　やり直せるとも限らぬ
ちり粒になるやも知れぬ
おのが心の光のかぎり（度合）に応じて　命のあり方が変わるのみじゃ
もう定まりた（ことではあるがその）方向に精一杯努力してくだされ
万霊万物の幸せを　おのが喜びとされよ
万霊万物の不幸せを　おのが光で照らし包まれよ

2-14
さてさて　月の世は終わりとなるぞ
天照国照の岩戸が開く

2-15
月の世の終わりは一瞬　闇がくるから心に光をともせよ

2-16
先が見えなくなるぞ　闇で黒い龍が動くぞ
心に光をもたば　白き龍の後に続けよ
闇でも白き龍は光りて見える　おのが心の光を受けて光るのじゃ
やがて　岩から光がもれると　白き龍七色に変わるぞ

2-17
七色に見えるそこが　おのが心に立つ光のみはしら（御柱）じゃ

2-18
岩戸は香久山に決まっておる
天に続く天の香久山は　おのが体の中にある

2-19

香久山に天のみはしら　光のみはしら立つぞ
根底より天の頂きに向かいて勢いよく昇りつめる
これ光の力ぞ　この光景ゆめゆめ忘れるなよ
心に光あるもの　いつかは必ずこれに出会う
あわてるなよ　あせるなよ
天地ひっくりかえるように思えるぞ
体がこわれてしまうように思えるぞ
その時は　まかせるままにしておればよい　いずれおさまる
光のまいはねる（乱舞）も　渦なる虹もなすままにあればよい
それが済めば　そこは光の世ぞ　何もかも変わっておる
おのが姿はそこに転生しておるということじゃ

※この時はこれですべてでしたが、その後、自宅でも同じようなことが起こりました。祝詞の奏上を終えて神殿を出ようとした矢先のことでした。

3

明朝（平成八年二月四日　五時十五分）自宅神殿前

3－1

人の命の悟る場は　おのが玉《たま》（魂）のすわる場ぞ　玉が大事ぞ
生まれしときに誓いたる　神の約束はたす場ぞ
分からぬことあらば　おのが玉に聞け
玉がすべてぞ　祈る心で聞け
だんだんと解かりてくるぞ　手を打つ喜び身が踊る日がくるという
おのが玉の仕組みに　おどろかされる日がくるぞ

3-2
玉すわる場のうて　死ぬ死ぬというでないぞ
死ぬる覚悟の第一は　おのが玉すわる場ぞ
その第二はおのが玉の行く先じゃ
死ぬ先の玉のいどころ（居場所）決めずして
その先の玉はすわらじ
死ぬ先の玉のいどころ訪ぬれば　おのがこの世の玉にとぞある

3-3
玉すわらずして死ぬると　先で迷うぞ
この世にて玉すわらずして　死に入ると玉の謎解けずして

3-4
次の世でまた迷う　くる日もくる日も同じところ巡りて

あの世とこの世をぐるぐるとな
みな同じことをしてきたのじゃ

3-5
おのが玉（魂に刻印された課題）探されよ

3-6
「おのが玉すわる場しかと定むれば
不思議な力ぞ　湧き出ずる　玉（真実の生命）おのずと光り出す」

3-7
「頭であれこれ思う間も　人に聞く間もないほどに
身の内よりいきいきと　成り成りてはふつふつと
生きたみたま（御魂）ぞ　顕れにける」

3-8

「天と地のはかり事をば　おのがしび（紫微）
たま（霊）の内に納めたり
おのが身の心細さはあとさきも
この世に生くる身のひとつぞと知る」
とあれども

3-9

玉の仕組みが解ければすべてのすべてに笑えてくるぞ
おのが玉の真の姿　分かりてくるぞ
おのが小さな玉がいつのまにやら果てしのう
大きな玉になりうるを知ることになる
いろいろと外のあらわれに心とらわれるのも仕方のないことじゃが

仕様のない人の世のう　大事は玉ぞ　玉の内にしかと聞け
おのが身の内に神と結んだしるし（刻印）があることを知れよ
この世で果たさねばならぬ役目があるというに
みな目の前のあらわれに振り回されておる
おのが玉すわる場は　おのが玉が知りおるぞ
じゃから　おのが内なる玉に聞け
いつもつねにどこにおいても忘るるな
おのが玉は神に通じておるぞ
神がおのが行ないを見届ける　神がおのが思いを引き受ける
安堵せよ　胸の前にて手を合わされよ
みしるし（神の刻印）ぞ　そこにありと神は見届け給うなり

4

問う：玉とは何か？

4-1

玉　それは思いじゃ　神の分けみたま（分魂）である　光りてぞある
耳のうて聞こえてくる　目のうて闇　見えてくる
口のうて語りてくる　鼻のうて香りてくる
火のうて暖かい　水のうて瑞々しい

4-2

すべてを知り　すべてにうるおひ（活癒）を与うるものとでもいおうか
私欲のない心でもあり　純粋で無垢でもある
人のまこと（真実）の姿であり　あらわれ（顕現）である

4-3

人の世の今の世よりはるかに高き世に根をつなぐものなり
おおなおひ（大直日）とも　たかたま（高魂）ともいうてな
それはそれは神々しい　この世のものでないほどに
光放ちたきれいな玉じゃて

4-4

玉とはな　神さまからいただいた命とでもいうものでな
神さまのこと知ろうと思うたら　この玉を通じてでないと
結局わからんのじゃて
人が神の子というは　この玉をもちていうことなり
人はこの玉に出会うために　この世に生まれたのぞ
はよう　このことに気づかれよ　まこと（真実）の自分の姿にな
この玉大事と解かりたならば　外のあらわれ目もくれず

玉のすわる場　見つけませい
はよう見つけてくだされよ

目次

はじめに

白老翁
東伯筆

今から三十数年前、京都伏見の稲荷山で白髪白髭の不思議な老翁（神仙？　霊人？）との出会いがあり、それを境にして、私はその老翁より十数年にも渡って言霊《ことだま》による数々の教示を受けたのですが、その一つに、「この稲荷山には佐田彦《サダヒコ》の神が奉られており、サルタヒコ（猿田彦命／神）の神とは同体である」と知りました。それを境としてその神に関することに何かと触れる機会も多くなりました。この神託もそれに因《ちな》んだものですが、ある日のこと、鈴鹿山麓の椿大神社《つばきおおかみやしろ》（別称、猿田彦大本宮）を訪ねた時、参道に面したサルタヒコの墳墓とされる高山土公神陵《たかやまどこうしんりょう》の前で降りた言葉がこれでした。

この神託も言霊《ことだま》によるものです。この神託がサルタヒコの神霊自身による言葉ではないと思いますが、おそらくはサルタヒコと何らかのご縁にある御方（霊統）のものに違いなく、その御方を通じて私に開示されたものと思っています。

私が稲荷山の老翁と出会うことになったのは、霊媒《よりまし》（＝れいばい）の祖母と、その審神《さにわ》を行うために神主となった祖父が共に稲荷山と深い縁があったことによるものだろうと思いますが、神に向けての二人の真摯な姿を目にして育ったことが私の神に対する意識のベースとなったことは確かです。

老翁から教示を受けていた当時、翁神楽に身を投じ、言霊修法に勤しんでいたある日、この神託がもたらされたのでした。

これを受け取った瞬間は驚きと歓びはあったものの、後になって、これが私に降りたことへの疑いや、立ち位置の定まらぬ不安な思いも過《よぎ》ってきたことから、この内容を人に伝えることへの迷いが生じたというのも事実です。そうであっても、これに示された内容は来たるべき世界の終焉と人類の未来を告げたものであることに異論はなく、さらには、その時期に備えての心のあり方や対処の仕方も説かれているのです。そこを思えば、この内容は私たち人類の未来に向けての重要なメッセージであるに違いなく、また、その意識変容の方法も伝えたものであるように感じたので、やはりこれは多くの人に伝えないといけないだろうという思いに至りました。

そういう思いに至ったのはいいのですが、ハテ？それをどう伝えればいいか分からず考えあぐねていた時に、天香具山《あめのかぐやま》（奈良）でのご神事を一緒に行うことになった知人に、まだ走り書きの状態のままのそれを見てもらったところ、目を通すなり意を決されて、あれよあれよという間に小冊子になり、そのタイトルも「種なる人」と題して、色んな方々にお配りされたのです。

その後、ご縁で結ばれた方々を通じて、本の体裁は何度か変わりながらも、また表題もその「種なる人」から「土公《つちぎみ》みことのり」に変えて、多くの人にお配りしてきました。

振り返ってみれば、当初から数十年が経ち、直近の増刷から数年ほど経ちましたが、ここ数年、わが国を始め、世界各地で起きている自然災害や人工災害、民族や国家間の紛争など、この神託に関わるような出来事が多発、激化しています。これらの現象は、この地球が二〇〇〇年前後を境として、新たな転換期に入ったことに起因するようで、これらの状況を見るとこの神託の信憑性が高まってきています。

そしてこのたび、新たな「日嗣《ひつぎ》（皇位継承）の儀礼」が執り行われることも相俟って、そのような時期も時期であることから、この機に際し、この神託はより広く世に出す必要があると思い、それにはこの神託をより理解しやすくするために、私なりの解釈ですが、原文に解説文を加えて、また、これまでの「土公みことのり」という表題に新たな思いの言葉も添えて『日本の霊性、最後の救済　サルタヒコの霊統によるメッセージ《土公みことのり》』として刷新し、出版することにしました。

この神託の内容は、読む人の心の状態や意識のあり方で解釈が異なってきますので、私の解釈は解釈として、読む方それぞれが自由な解釈をしてもらっていいと思います。

では、この神託を受けるまでの説明をする前に、その稲荷山と私がどのような事情で縁をもつことになったのか？　そこのところをもう少し詳しくお話ししたいと思います。

私は、この神託に説かれている数々の教えを手本としてその実践を試みているうちに、秀真伝《ほつまつたえ》に伝えるところの「玄美の世界からもたらされる和らぎの伎《わざ》」というものを運良く授かる機会を得ました。

玄美というのは、目に見えない時空の響き、あるいは奏で、あるいは天霊の息吹《いぶき》というか、麗しく繊細な愛氣《あいき》の波動をいいます。

そして、和らぎの伎《わざ》というのは、その愛氣の波動を氣感応と名づけた身体技法によって、目に見えるこの世界に引き寄せ、その波動をもって空間をイヤシロチ（生命活源磁波域）化する、言い換えれば、ゼロ磁場化することをいいます。古よりこの伎は「天地和合《てんちわごう》の妙」と呼ばれていましたが、この伎に取り組む中で、その老翁は私を玄美の世界に導いてくれたのでした。

さて、その老翁（※）と遭遇したのは今から二十数年前のことになります。ある夏の夕暮れ、私は何かに引き寄せられるように稲荷山（京都伏見の稲荷山）を訪ねていました。そしてふと気がついた時にはもう日が暮れかけていたので、下山しようと、一之峯を荒神谷の方に下って行くと、左手の杉林の方向に突然、白い光に全身が覆われた白衣姿の老人が山の斜面を滑るように横切って行くのが見えたのです。

その瞬間わが目を疑い、ほんの一瞬目を逸らしましたが、気を取り直すと不思議に恐怖もなく、これはこの世の者ではないなという思いが過《よぎ》り、もしかして何かの啓示なのかも知れないと思ってみたり、それよりも、以前どこかでその老人と会ったような気もしたりして、すると懐かしさが込み上げてきたりと色んな思いが交錯する中、もう一度その場所に目を向けてみると、もうそこにはその姿はありませんでした。後からなぜか胸のあたりが熱くなって、その熱感覚が体中を巡り、次第に気が遠退いて行ったのを今でもハッキリと覚えています。

それからというもの、たびたび、その老人は私の目の前に現れては稲荷の古き教え、例えば神の在、祈りの本質、武技や伎舞の真義、天地創生の古事、和らぎの妙技＝天地和合の愛法などの教えを説くのでした。その老翁の名を私は便宜上「白翁《はくおう》老《ろう》」と呼ぶことにしました。というのも、私がその老翁と通じ合うときの合図のような仮称、いわば、テレパシック・コードネームなのです。

※老翁（神仙・霊人）：かつて京都の伏見稲荷には秦氏《はた》と荷田氏《かだ》の二大祭祀家があり、一方の祭祀家の荷田氏の中興の祖にあたる人物を荷田龍頭太といいますが、その御方の霊的化身ではないかと思われます。

心に響く数々のその教え、その言葉に神聖さを感じ、私はいつしかその老人に好感を抱くようになっていました。でもなぜ、自分にこのような不思議なことが起こるのか？　悩むところではありました。

そんなことが三年ほど続きましたが、その後、そのような現象はピタリと止まり、その姿を見ることもなくなりました。

今思えば、私の目の前にスーッと現れては教えを説き、それが終わるとこちらの思いに関わらずフッと消える。そんな老人（老翁）の正体を見究めたいと、私は神霊の世界を学ぶ道に進んだのです。しかし、私の祖父が生前にいった「霊的なものには近づくなよ！」という言葉は確かに正しいように思います。


というのも、霊の世界は危うく、目に見えない霊的な存在を感じたとき、それが聖なのか魔なのか、それを判別することは非常に難しいからです。利己的エゴを克服しないでこの道に進んだ者の多くが、その途上で傲慢になり、神霊の世界のことが分かったつもりになって、やがて魔界に迷い込むことになるといいます。自分の心の中に謙虚さがなければ知らない間に魔の餌食になってしまいます。魔界は、あの世にあるのではなく、この世に重なった状態で存在していて、宇宙の真理の世界に臨む人々の歩みを阻み、魔界に引きずり込んでしまおうと、夜昼なく虎視眈々と狙っています。それは昔も今も何ら変りません。

魔とは宇宙法則に則らない働きにあるもの、言い方を換えれば、自然律から外れる働きにあるもの、自然率に基づく命の活動を阻む働きにある存在をいいます。魔はもちろんなのですが、神霊という言葉すらがそもそも危ういのです。真の神霊の世界とは、「高位の次元にある意識の世界」をいうもので、むしろそのように捉えている方が安全に思います。

そういうことから、これから神霊の世界に足を踏み入れようと思っている人は、自分の心の動きを始め、人の言葉や行いをよく観察しながら、つねに内省を試み、注意深く進んでほしいと思います。


ところで、近年、霊能とか霊能者という言葉をよく耳にしますが、霊能よりも霊格のほうが重要であることを知っている方がどれほどいることでしょう。霊格とはいってもその質がどうあるかです。霊能の質は霊格の質にあるのです。人の霊能の質を知るにはその霊格を見れば分かります。また、その霊格の質を知るには人格を見抜くことです。それが早道です。人格を見ればまずその人物の判断を見誤ることはないでしょう。

では、魔によって自らが危うくなるのはどの時点で分かるのでしょう？　その判別は本人がその世界に足を踏み入れてみないと分かりません。それを経験した本人が自らを振り返ってみることでしか正確なその時点は知り得ないことです。ただ、先ほどの例のように、自己観察をし、周囲を注意深く見ているとその瞬間が分かることもあります。


とはいえ、その神霊が聖か魔かの判別法が一つあります。私の知る限りですが、それは日本の神道に伝わるサニワ（審神：神霊の正否を判別する霊査法）という業《わざ》です。この方法は大いに役立ちます。私の祖父は霊媒だった祖母のサニワを行うために神道霊学の道に入り、卜部《うらべ》の流れを汲む神道の神主になりましたが、祖父がサニワをしている姿を子供の頃から身近で見ていたので、それがどういうものかがよく分かります。

よく分かってはいましたし、その方法も教えられていたのですが、自分が実際に神霊を目の当たりにすると心に迷いが起きてしまったというのが隠せぬところの気持ちです。

それでは、私がこの神託を受けるまでのお話に移りたいと思います。

「東へ、高山へ！」

その老翁の姿を目にしなくなってからも、その神性意識は私の胸の中に通じたままの状態にありました。その後、私は人類の未来の姿を知る機会に出会うことになります。それはある冬の日の出来事でした。私たち人間が自らの霊性の目覚めを迎えるうえで、神霊界（言い換えれば、高位霊界、高次元意識界）の深遠なる教えを授かる機会を得たのです。

その教えはとてもシンプルなものでした。その教え全体を貫いている基本的な考え方は、「霊性の目覚めを得るには、自らの主体性と高次霊の協力による共同作業が不可欠」とするもので、神代における、「人間と神（高位霊、高次元意識）との約束事」を表す言葉、「ウケヒ（誓契）」というあり方を通じての霊的進化の道が暗示されていたのです。

ある冬の日のこと。知人からの頼まれ事で、「神社ＢＡＲ」の手伝いをしていると、突然どこからか、「高山、東へ！」という声らしきものが聞こえたので、これは何かの啓示だ！と直感しました。手伝い仕事を終えて帰宅し、夜には旅支度を整え、その翌朝、自宅を発つことにしました。「高山」というのはてっきり飛騨高山のことだと思って、そこを訪ねることにしたのです。そして「東へ」の東というのは、当時の私の吉方位が真東に当たるので、地図を開き、自宅から真東の方面を目指して進むことにしました。

電車を乗り継ぎ、また聞こえるかも知れない内なる声に耳を澄ませながら、東へ東へと足を進め、在来線に乗ったのです。

真東に進むには、途中で電車の乗り継ぎをしないといけなくて、乗り継ぎ駅のホームから駅の構内に降りて、文具店の前を横切ろうとしたときでした。また声がして、今度は「筆……紙……」と聞こえたので、すぐにその店に入ってボールペンとノートを購入することにしました。

それから、再び電車に揺られ、車窓を通して見える景色を眺めていると、テニスボールほどの大きな牡丹雪が降り始め、そのうち辺りは一面の雪景色へと変わって、白くぼやけた太陽はゆっくりと沈んでいき、とうとう夜になってしまいました。

なので、私は仕方なく亀山駅で下車することにし、その町で宿をとることにしました。駅の周辺には数件の旅館とホテルがありましたが、空きがあったのはビジネスホテルのただ一室だけでした。何というか、もしその部屋が空いていなかったらその雪夜にどうなっていたやら……。

翌朝になり、駅員さんと話を交わしていると、「せっかく亀山に来たんだから、近くに有名な神社があるので、時間があるならお参りされてはどうですか？」というので、「どんな神社ですか？」と尋ねると、「椿《つばき》さんです。サルタヒコさんを奉っています」ということで、せっかくここまで来たのだし、猿田彦の神様にご挨拶してから飛騨高山の方に向かえばいいかと思い、案内されたバスに乗ってその神社に向かうことにしました。

鈴鹿山（冬）

神性の宿る霊山

その神社は雪深い鈴鹿の山麓に鎮まっていました。

鳥居を潜り、その参道を真っ直ぐ本殿まで進み、その参拝を終えて、何となく立て札に目をやると、何と！　驚きました。「この地は高山といい……」と書いてあるではないですか！

椿大神社

土公神陵

その直後、感じました。「もしやここが内なる声にあった高山ではないのか？」と。しばらくしてから本殿を背にして参道を下り、その参道沿いにある猿田彦の墓とされている「土公神陵」の前に差しかかったとき、再び、今度は強い口調で「筆を執れ！」という声が聞こえたのです。

その声に胸が高鳴りました。「高山、東、ここのことだったのか！」そう思った途端、意識が遠退き、虚ろな中で言葉の塊が脳裏に雪崩れ込んできました。

あとはその言葉の塊が粉雪の融けるときのふわっとした感じの中でスラスラと、何かの力に操られでもしているような奇妙な感覚に身を任せながらペンを走らせました。

どれほど時が経ったでしょうか。気がつくと目の前のノートに文章を書き終えていました。そのとき、私の体は何ともいえぬ高揚感に包まれ、心は充足感の中に浸っていました。しばらくするとその感覚もおさまり、それでも少し興奮気味にありながら、何が何やら分からないまま帰途につきました。

でも、この不思議な出来事はその日だけでは終わりませんでした。その翌日、自宅で礼拝をしているとその続きを受け取ることになったのです。そこで、そこに書かれた文面にもう一度目を通すことにしたのです。

私は何事にもすぐには真に受けない性分なので疑いながらそれに目を通したのですが、その内容を読み返すうちに思ったのです。「ひょっとしてこれって私の人生を一変するものかも知れない！」と。そう思うと心が高鳴り、胸が熱くなりました。

その言葉は大変優しい口調で語られてはいますが、どうやらこの世界は新しい時代に突入しようとしていること、いや、人類は新たな次元に移行しようとしているらしいこと、そのときに備えての心構え、さらには意識が変革を遂げる仕組みなど、昔の老人の語り口調と歌のような文も交えながら一行一行、丁寧に綴ったものだったのです。

しかしそこに記された一節の中に、近い将来ほとんどの人間が消滅してしまう事態が起こるとも語られていて、その穏やかでない内容を思うと、本当にそんなことが起こるのだろうかと、懐疑的なところもあり、しばらく人に見せるのは躊躇していましたが、その一方で、なぜか奇妙な感覚もありました。というのは、なぜか私の意識の奥底ではそのことを知っているという感覚、すでにそのことを体験しているといった感覚です。

そこでこうも思ったのです。もしかすると、すべての人間は意識の奥底で地球の変容の時期を知っていて、そして、その変容を迎える心構えもできていて、自らの中の霊性に目覚めが訪れることを覚っているのかも知れないと……。

でもなぜ、鈴鹿山麓まで足を運ばなければそれを受け取ることができなかったのか？ その理由が当時の私には分かりませんでした。ところが後になってその意味が明らかになったのです。

それというのも、鈴鹿の高山と飛騨の高山（位山）がただならぬ関係にあったことです。それは、「道開き（国家や人間の命運を吉方に開くの意）」と「位授け（皇位継承の際に天皇の御位の証しに神笏を授けるの意／神笏《しんしゃく》：神器「天叢雲剣《あめのむらくものつるぎ》」の実体の証明＝木の杖）」の関係です。それはまた、大和（奈良）の天香具山《あめのかぐやま》が鈴鹿の高山《たかやま》と飛騨高山の位《くらい》山《やま》（クライヤマ：高御位＝タカミクライを授ける山）に深く関係していることを証明するものでもありますが、その内容をここで語ることはこの書の目的ではないので、この内容にご興味のある方は、別著、「イナリコード・第二巻《龍宮シャンバラ編》」に詳しく書いていますので、そちらに目を通して頂ければと思います。

この神託を受け取ってから一年後、私は天香久山（香具山）で月の神事を行う流れになったのですが、それからというもの、その老人は私の前に姿を現わすことはなくなりました。その頃から老人は私の魂の中に住まわれているような気がします。なぜなら、私の頭に何かの疑問が浮かんだ時、タイムラグはあるにしてもその答えが脳裏に返ってくるのですから。その時を境としてその老人は私の師となり、今はこう呼んでいます。「白翁老《はうおうろう》」と……。

因みに、高山というのは、この椿大神社の神体山の山名であり地名でもあることを、このとき初めて知りました。なお、この霊言は「土公みことのり」と題していますが、猿田彦命（佐太彦神霊）の和魂《にぎみたま》が導いた霊言であると理解しています。

また、「霊言」と題してはいてもこれは宗教書ではありませんし、また、私は何らかの宗派に属している者でもないので、これぞ聖典なり！というつもりはまったくありません。然るべき事情とご縁があって、この世と異なる次元からコンタクトされてきた御方から、これからの時代を迎える人々に向けて、その心構え、生き方の方針、魂の奥義として、教示してもらったものとして捉え、その御方の意図を世の中の人々に広く伝える必要があると思った次第です。

最後に、「椿大神社《つばきおおかみやしろ》」は、経営の神様と呼ばれた松下幸之助翁も尊崇した名社であり、この本殿には天孫を大和の地に案内した《道開きの神》とされる「猿田《サルタ》彦命《ヒコノミコト》」が奉られており、故に「猿田彦大本宮」とも呼ばれています。

猿田彦大神

また、本殿に向かって右手の境内社には、猿田彦命の后である「天之宇受売命《アメノウズメノミコト》」が奉られています。因みに、この天之宇受売命という女神は、「須佐之男命《スサノオノミコト》」が高天原にて天つ罪を犯した禍《わざわい》によって、天の岩屋《あめのいわや》に閉じ籠った「天照大御神《アマテラスオオミカミ》」の蘇り（再顕現：ミアレ）を願い、岩屋の中からその日神を招き出すために岩戸の前で神楽《かぐら》を舞った神女《かんめ》であり、伎芸（舞踊・芸能）の祖神とされています。この高天原での「天の岩戸開き」の神楽神儀は後の世においても、新たな時代を迎える上での重要な鍵となります。

ではここで、この書の本文に入る前に、この神託の概略をお話ししたいと思います。この話は皆さんがすでに認識しているところでもあり、また、私の見解と異なる意見もあるかと思いますが、あくまでも私の見解なので、ひとまず目を通してみてください。

序章　内なる魂に尋ねて……

この神託は昔口調で綴られ、また、とても分かりやすく説かれていますが、三次元のこの時空を超えた何かの奇しき力が働いているのでしょうか、読む人の意識や時間帯、時期や年齢などによって感じ方が違うようですし、解釈も異なってくるようです。それでもこれだけは確かなことなのでしょう。近い将来、私たち人類が来たるべきその時期を迎え、それに備えるうえで、私たちはどう対処するべきか、それぞれ個人の意識のあり方はどうあるべきか、一つの点を除いて、その手立てについて色んな例を引いて説かれています。

そこでこの神託の前半の部分、人類がこれから体験するであろう数々の、次のような未曾有《みぞう》の出来事を伝えようとしているのではないかと思ったのです。

「人類が天地自然と共に生きることを忘れ、今の生活環境のままであれば、今にも増して気候変動に伴う自然災害が拡大することになり、それだけでなく、兵器開発や戦争などの人間の愚行がさらに進んで行けば、そう遠くない将来、自然界の自浄作用が今よりさらに進んで、天変地異が地上界を襲うことになる。最悪の結果として、人間界は終焉を迎えることになる」と告げているようです。世界の状況を見ればそうなってしまいそうな予感がしますし、そうなると、「人類はその惨状から逃れる方法はこの三次元にはない」と示唆しています。

気候変動に伴う自然災害の拡大とはどういう現象を指すものなのでしょう？　昔の人々が天変地異などと呼んでいた現象を指しているものと思われます。もうすでにそのような現象はこの日本に起きており、世界中でも起きています。

これまでの人類文明の発達は地球の気候に相当な悪影響を及ぼす結果となり、そのことが、浄化活動ともいえそうな地球規模での気候変動を引き起しています。考えてみると、「天変地異は地球の自浄作用」ということでもあるのでしょう。

気候変動による現象は、大気の温度を異常に上昇させてしまうだけでなく、その逆現象として、大気の温度を異常に降下させることになるかも知れません。この異常な高温冷却の差が地球の深層に大きな歪みをもたらす原因となります。

では、気候変動に伴う自然災害の拡大とはどのようなものか考えてみましょう。

巨大地震

大火災

海底プレートのズレは地殻の大変動を生じさせ、巨大地震を引き起こす原因となり、巨大地震は電気・ガスのインフラを壊滅させ、大火災が起こる確率も高くなります。

巨大津波

沿岸壊滅

このことは阪神淡路大震災においてその地に住む人々がすでに経験したことです。巨大地震というのは巨大津波を生じさせ、日本沿岸部の各都市を襲うことになります。

これもまた東日本（三陸沖）大震災による大惨事として経験することになった訳ですが、しかしこの神託では、それ以上の規模での巨大地震を示唆しているのかも知れません。最近よくＴＶの特番でよく取り上げられている南海トラフ・メガクラス地震ですが、今後三十年内にそれが起こる確率は八〇％とされています。危険視すべき情報です。日本は元来、地震大国と呼ばれるほど地震の多い国で、慣れ過ぎているようですが、近い将来に起きると思われる地震はこれまでの経験が役に立たないほどのクラスで、それが起こると日本は海外の援助を要する四等国のレベルにまで落ちてしまいます。

しかしこれは日本以外でも同じで、世界の沿岸域でも起こる可能性は低くないのです。神道霊学者の間で「日本は世界の雛型」といわれていますが、現実味を帯びます。それを機に中国やロシアは、救済支援の名目で駐留軍を派遣することになるでしょう。

また、地震と火山活動は直接関係しないといわれていますが本当でしょうか？トラフの動きが火山活動に大影響を与える可能性は大いにあると私は思っています。特に巨大地震と活火山の連動には注意を払っておかねばならないでしょう。

また、気温上昇に伴う大気の乾燥は各地に大火災を発生させる原因となります。カリフォルニアの森林火災はまだ新しい惨事として私たちの記憶に残っていますし、このような森林火災は世界の至るところで頻発する可能性があります。

大噴火

森林大火災

気温上昇は海水温度を上昇させ、それが要因となり巨大台風を生じさせます。巨大台風は大豪雨をもたらすことになり、各地は大洪水に見舞われます。

大豪雨

大洪水

この巨大台風に近い大災害を私たちはすでに経験しています。気温上昇はそれだけに留まらず、巨大竜巻を発生させることになります。これまでも巨大竜巻は主に大陸で発生しており、落雷連鎖も頻繁に伴いますが、すでに巨大台風がこの日本を襲ったように、それが発生しないとも限りません。

スーパーセル

異常落雷

巨大台風の発生原因は地球温暖化によるもので、海水温の上昇によって発生します。日本の気温上昇は進みに進んで、やがてはそれが日常化し、全土は亜熱帯化します。

高温化

亜熱帯化

亜熱帯化

さらには、その気温上昇は世界にも及び、それが原因で地上を熱波が襲います。
地球全土における高温化は異常乾燥を引き起こし、世界中は大旱魃となるでしょう。

熱波

大旱魃

それとは逆の現象が起こる可能性もあります。それは先ほどの火山の大噴火です。カルデラ火山の破局噴火によって火山灰が成層圏まで達することで太陽光が遮られ、大気は冷却し、地球の寒冷化が起こり、世界の大半が大寒波に見舞われることや地球温暖化による海流の変化が原因で急速な寒冷化が起こることもあり得ます。

大吹雪

大寒波

このようなスケールでの自然大災害を人類は経験することになるでしょうが、そうなる前に、「心のあり方や行いを正しくしておくが大事であり、その時こそ、ある方法をもってすれば人間生命の意識が変化し、身体にも霊的変容が起こり、目の前の時空は変化し、その霊的現象の中にあってそれらの惨劇は回避できる」。別の表現を借りるなら、「ある方法をもってすれば、その時に次元移動が起こり、その次元に移行することで、その惨状に身を置くことはない」と神託にはあるようです。この霊的変容、霊的現象というのは《魂の覚醒》を意味しています。

では、霊的な変化の後、私たちの移行するその次元はどこにあるのでしょう？現状では火星ということになっているようですが、三次元的にという意味ですが、霊的な次元上昇においては第二惑星のようです。第二惑星とは《金星》です。

当時の私は、その文の中に解釈の難しい言葉が二、三箇所あったことから、その言葉には隠された意味や、もっと別の解釈があるような気がしましたので、その意味を解くために、日本の古い文献には素人同然の私でしたが、古事記、日本書紀、先代旧事本紀《せんだいくじほんぎ》、秀真伝《ほつまつたえ》などの古文書を読むことも必要だろうと、そうたいそうな考えもなく、それらの書に目を通してみることにしたのです。

しかし今思えば、それらに目を通し、それらの真意を探ってみようとしたことで、神話という手法をもって古代の日本の秘密が伝えられてきたことへの驚きと、それらに人類の進化における古代の霊的真義が奥秘されたことへの感銘という、日本のその神秘を知って、この神託を授かったことへの感謝の思いは深く、日本の奥に隠れている時空は、口では言い表せないほど玄美な世界であります。

世界は三層構造になっていて、見たままを見る世界、感じたものを見る世界、魂で見る世界の三つの時空があり、玄美の世界はこの魂で見る世界のことです。

そこに日本の、世界の、人類の未来のヒントがあるように思いました。

とはいうものの、私に授けられたこの神託が信じるに値するものかどうか？　この神託を私に授けた存在は、聖か？　邪か？　正しいのか？　そうではないのか？　当時の私はこの内容に対しての疑問もあり、私なりの見解もあったことから、その是非と真価を問おうと、わが内なる声なき声に尋ねてみることにしたのです。

するとその甲斐あって、明け方、私の脳裏にこのような言葉が返ってきました。

「言霊なるは魂の響きを以て発せられるものであり、漢意（からごころ＝漢字表記）に照らして解するものでない。また、言霊なるは本来、音霊をもって捉えるものにて、魂の言の響きにノリ秘めた深きその意図を覚るべし」

この言葉が胸に響き、目から鱗が落ち……この神託への迷いが消えました。この教えを授かった（これが白翁老の言葉であるとすぐに理解ができました）のを機に、この神託の言葉の響きから意味を感じとれるように努める日々を送りました。そうする中で、これまでに得た知識や経験との符合が見て取れるようにもなり、難解だった部分も解け、何とか解説書として仕上げることができました。

とはいっても、この解釈についてはあくまでも私なりの見解に過ぎないもので、どこまで的確な解説になったか分かりませんし、異見もあることでしょうが、一読して頂けたら幸いです。

序文が長くなりました。
それでは「土公みことのり」の解説に入ります。

人間の今の世は物理法則で成り立っている。
その法則が崩壊すれば、形あるものは存在できなくなり、
物質それ自体の価値も消失し、
物質が価値を誇っていたこれまでの世界は成立しなくなる。
できる限り、物の所有欲から自らの心を解き放つよう、
自らの生活を見直す機会が今の人々に与えられている。

解説の一　物質優先社会の終焉

【神託】1－1

今の世　物の上に立っておるぞ　物崩れれば形無くなるぞ
物云う世は　物無くなれば成り立たぬ世であるから
物はできるだけ　ひかえておること大事である

私たちの住んでいる今のこの次元（三次元物質界）はすべて物理の世界です。物理法則による生命の拘束性の中にあって成り立っている世界です。そのことから私たちは、生きるうえで物質的な「モノ」に生活の基準を置き、また、今日のように、物質的な価値を経済の約束事として生活していることで、日々の暮らしを営んでいかなければならない状態を余儀なくされています。

詳しくいえば、私たちの意識は物質的な形をもった対象に魅了されていて、言い換えれば、私たちは「モノ」に魅了され、囚われて生きることを望んでいて、あるいは「モノ」に呪縛されて生きているのかも知れないという解釈もできます。

とにかく魅了され、呪縛されている「モノ」とは産業関連全般のことです。衣食住はもちろんのこと、電力を消費する照明や家電、移動や運搬における車両、医療や娯楽に関するもの、通信コミュニケーションからその周辺機器に至るまで、生活に関連するありとあらゆる「モノ」を指しています。

これまで私たちは、身の周りすべてをこれら産業関連品の「モノ」に囲まれて、何の疑問も持たず、当たり前のこととして豊かな暮らしを送ってきました。

ところが、人々が物質的な「モノ」に興味や価値を示さなくなるときがきます。そうなると、これまで目にしていた形ある「モノ」すべてが意味を失いますので、「モノ」の価値は低下し、さまざまなところで経済の約束事も崩れることになり、人々の生活の機能は失われ、そのことから社会の成立が難しくなっていきます。そうなれば、人々が「モノ」を所有する時代は終わりを告げることになるのです。

そういう世の中を迎えるにあたり、今からそれに備え、物質的な「モノ」の魅惑に囚われたり、「モノ」に囲まれたりする生き方には、できるだけ距離を置いて生活するようにしておくことが大事であるということです。

そうすることがその難を乗りきり、次の新たな世界を迎える最善の方法であると、この一文は示唆しているようです。

ところが、それより問題なのは、「三次元時空の崩壊」ということです。それは、物理の法則が崩壊する未曾有の時代がくることを意味しています。世界は三次元の物理法則のうえで成り立っていますので、それが崩壊すれば、物事の成り立ちが根本から崩れ去ることを意味しているのです。

この世界は、素粒子の集合体で成り立つ物質形成の原理にあります。また、私たちの生命は「時間・空間・位置」の関係の中で存在するもので、その法則が崩壊すれば物質の存在が無くなるのですから世界は消滅します。もし物理の法則が崩れ始めると、その崩壊の軋《きし》みに波動共鳴するように、思考は揺れだし、心は安定を欠いて、精神に異常が生じるどころか、その崩壊を招くことにもなり、肉体そのものが消えてしまうかも知れない。この一文はそのような暗示でもあるように思えるのです。私たちの世界がそんな恐ろしい状況にならないことを祈りますが……。

人類の社会が科学万能といわれる時代に入ってからというもの、神の存在に重きを置かず、自分中心、物中心に過ごしてきた私たちですが、ここで、これまでの心のあり方を振り返り、それを正すときがきたようです。

経済は紙幣という紙に印された契約で成立している。
人間の思考に来たるべき変化が訪れ、物への価値観が変わるとき、
これまでの生活は意味をなくし、経済の契約事も崩れる。
そして、紙幣はただの紙切れとなってしまう。

解説の二　紙幣経済の崩壊

【神託】1-2

物は紙の約束事によって仕組まれておる
約束事崩れれば　紙はただの紙切れぞ

これまでの世界は多くの国において、資本主義による貨幣を媒介とした信用経済、金融経済で成り立っており、「モノ」の価値を紙に印刷した紙幣通貨・紙幣経済と、信用を前提として流通する名目通貨・信用通貨という約束と信用によっての交換、流通で成り立つ社会経済システムでした。これからの時代はそうではありません。

すでに現在不安定になっている世界通貨に対する不安や不信からその信用が失墜

し、従来の約束関係が円滑に保てなくなってしまい、貨幣の流通価値は失われます。

世界的な経済システムの崩壊が進んで、従来と異なる経済の仕組みが現れます。紙幣は紙切れ同然となり、貨幣経済の崩壊、金融資本経済の崩壊を迎えます。これまではそうなるだろうと思われてきた紙幣通貨に代わる電子マネーすらも、貨幣価値が転換する流れの中ではその例外になく、まるで通用しなくなります。

紙幣経済の崩壊

では、貨幣価値や物質的価値が失われるとこの世界はどうなるのでしょう？当然、食料や飲料、生活用品、電気、水道、ガスなどの生活の生命線は断たれ、すべての社会機能が混乱し、生存に向けてのさまざまな争奪戦が始まります。飢えて自らの足を食らうというタコのように、人類は互いの足を引っ張り合い、それが世界の破滅へと向かう序章かも知れません。そういう情景が心を過《よぎ》ります。

この先、世界中が「我良し我先」の様相を呈するようになることも予測できます。今では「自分ファースト」という考え方が当たり前のような風潮にありますが、それは日本の国風《くにぶり》に合うものではなく、「譲り合い、助け合う」という、心がこの風土に合った本来の姿ですから、日本という国も、日本で生まれた人も、海外から日本に親しむ人も、何かの縁で日本という国に住むことになった人も、古よりこの日本に伝えられてきた「いくつかの魂の作法」を知ることになれば、そういう状況を迎えることはないでしょうし、巻き込まれることもないでしょう。

日本と縁のなかった世界の人々も、この「いくつかの魂の作法」を知ることで、その苦境を回避できることでしょう。この神託はその作法を伝えたものです。

紙幣経済だけでなく、今後、紙幣経済に代わる電子経済においても、新たなエネルギーの登場で従来の経済構造は消滅することになります。これまでにないそのエネルギーは電力会社に限った所有ではなくなり、パーソナル（個人的）な所有へと移行し、新たな時代を迎えることになります。動力としての活用はこれまでと変りませんが、このエネルギーは食することもでき、貨幣と同じような価値として貯蓄し、活用することも可能となるでしょう。

誰もが個人所有できるこのパーソナルなエネルギーの登場によって、これまでのような世界の経済システムが一変してしまうばかりでなく、エネルギーの争奪もなくなり、国家間の戦争すらなくすことになるのです。

そのエネルギーがこの三次元物質界に現れる、そのことが示す意味は、逆にいえば、次元上昇が同時に起こるということにもなるのでしょう。

【神託】1－7

紙の約束ではなく　分に応じた徳で返す世となる
紙の金　偽り多かれど　徳の金　隠し事できぬぞ

これからは貨幣の価値で物事の良し悪しを決める社会ではなくなり、互いに徳の関係を築き合うことで価値と信用が得られる時代になるようです。

新たな時代を迎えること、人は徳の関係性を築き、人格を高め、人間関係を深めて、人間同士の絆を深め、社会との絆も結ばれていく時代になると説いており、そのことを**《分に応じた徳で返す世となる》**としているのです。

徳とは、「人の役に立ち、人の多幸に力添えする尊き行い」をいいます。自分のことを考えるよりも、人の扶《たす》けになることに心が動き、労を惜しまず、周囲と円満に接する思いやりの心を養い、瞬時の助力的動作を極めれば、それが人々の知るところとなり、社会にとっての価値ある存在となります。

今度は人々から、周囲から、社会から、自らが生かされるようになるのです。また、精神の向上にも努めることで、何が正しいのか、何が正しくないのか、それを見極めながら行動していけば、その心の波動や体の所作そのものが、自らの魂の品性を形作っていきます。このように人のためになることをする。自らの魂の品性を高めていく。それも自然な感じで、これが「徳」です。

人間の魂には、本質的なところで徳性というものが備わっていますから、自らの意志で、自らの良心に照らし、自らの内なる魂の光を案内人として、その徳性をより高い段階へと向かわせれば、自らのそれまでの魂のレベルを、より高位の聖なる次元へと昇華させることができるようにもなります。そうあることが、これからの私たち人類にとっての重要な鍵となりますし、そういう社会になるよう、各自それぞれが努めていかなければと思います。その努力は結果として、自分の方に回り巡ってくることになるのですから。

結局のところ、自分にとってプラスになるという訳ですが、だからといって、それを期待した上で、そういう思いをし、行いをしては意味がありません。不純な思いからでは良い結果は得られないのが宇宙の法則だからです。あくまでも純粋な思いから発するものでないといけません。

この**《分に応じた徳で返す》**という玄理は天の摂理に適ったものです。人の行ないを宇宙の法則に照らして説かれたものであるように思います。

その喩《たと》えに、神道に古くから伝わる【鏡《かがみ》の理《ことわり》】があります。これは、鏡に写すように、自分の姿が相手の姿として映ることをいいます。

これに似た喩えに【水は方円に従う】という法則があります。水の原理です。これは、向こうに水を押しやればやがて自らに戻って来るというものです。自分の使ったエネルギーの分だけ自分の身に返って来ることをいいます。

さらに、【円環の法則（ブーメランの法則）】にしてもその喩えになるでしょう。自分が時空に放った感情や思いの波動がブーメランのように回り巡って、やがて自分の方に向かって返ってくることをいうものです。これらを【相応《そうおう》の理《り》】、【原因と結果の法則】ともいいます。

前者は、「自分の姿や言葉、行為すべてが自身の心の反映である」こと、または、「こちらの働きが対象の世界に反映する」ことを表すもので、後者は、「自分の為した行いはやがて自らに返ってくる」というものです。宇宙は本当によくできていて、この法則通りに物事が運ばれていきます。

遥か昔、
天上界にある河の畔で二人の神が契りを交わした。
その約束事をそこねることのないよう
互いに誓い合った。
このように人間の世界も約束事は守るべきもの。
天と地と人を結ぶ重要事である。

解説の三　神と人間の決まり事

【神託】1－3

はるか昔より　天の安河にて約束事（誓契《うけひ》）のあったように
神の世も　人の世も　約束事守ること大事である

これは遠く神代《かみよ》の話。高天原という神々の住まう天上界において、誓い契り合うその約束事を守ることは重要な掟《おきて》とされていました。古《いにしえ》においてこの誓い契り合うその約束事をウケヒ（誓契）と呼びましたが、神々がこの約束事を一度結べば決して破ることの許されない厳しいものでした。なぜなら、それが天地宇宙の初まりからの決まり事であったからです。

太陽が自らの寿命の尽きる時まで、宇宙空間に光明を放ち続けることも、惑星が休むことなく恒星を公転する軌道上で周り続けているのも、天地宇宙の深遠で精妙なる決まり事なのです。これを摂理といいます。そこで、地上界に住むことが許されている人間もまた同じくこれに従い、守るべき重要なことであると私たちを諭しているように思います。

わが国の神道では、人間は神の分け御魂（分霊）であると説いています。人と約束するというのは、自分自身に約束するのと寸分違わぬことですし、また、自分と約束するというのは、自らの内なる神と約束するのと同じです。つまり、自分と人、自分と神、本来ひとつである霊をステージの異なる視点で捉えるに過ぎず、いわゆるこれが、「人、即ち神なり」という言葉の証明ともなるところですが、いずれにしても人間は、その真理を覚る時が来ることと思います。

【補足】

わが国の古文書（古事記・日本書紀）にウケヒ（誓契）のことが記されています。スサノオ（須佐之男命）とアマテラス（天照御大神）が高天原の天の安河《やすかわ》において、（※天の安河：神々の居られる天上界／高天原の世界にあるとされる安らかな河＝天ノ川の神的表現）互いの神器を手に取り、天の真名井（アメノマナイ：高天原と呼ばれる天上界の霊井／霊水の湧き出る泉を祭儀用として造り整えた泉井）の聖なる真清水《ましみず》に浸し、互いの神器を噛み砕き、息を吹きかけ、それぞれの御子（男女）を産み分けたという、「ウケヒ（誓契：誓いの契りを交わす）」の場面が登場しますが、契りを交わしたスサノオは、自分に高天原を支配する心がないという身の潔白（偽りの無い心）を証明した話になっています。

これが高天原における貴き神同士が互いに交わした契約事でありました。ところがです。スサノオは身の潔白を証明したことで有頂天になり、慢心となって、その慢心によって、本来の性格の粗暴さに火が点き、齊服殿《いみはたどの》（機織《はたお》りの室屋《むろや》）の天井に穴を開け、皮を逆剥《さかは》ぎした馬を投げ入れる乱暴な行為をしでかし、齊服殿の中は大混乱となります。驚いた服機女《はとりめ》（＝稚日女尊：ワカヒルメノミコト）は機織りの道具で身を突き死んでしまったので、その出来事を知ったアマテラスは怒り、天《あめ》の岩屋《いわや》に閉じ籠ってしまい、日ノ神が天の岩屋に閉じ籠ったので神々の世界は暗黒に覆われてしまうことになります。

天の真名井の真清水で誓いを交した互いの約束事をスサノオは反古《ほご》にしたのです。そのことでスサノオは天上界の重罰を受けますが、後に罪を悔い改めたことによって、タカミムスビ（高皇産霊尊）の神から母の国への帰還の許しを受けることになります。

このスサノオの事件のように、約束事を破れば尊い神でさえ重罰を受けるのですから、人間界ならばなおさらのこと、天上界の約束事の重要性は地上界でも同様であって、約束事は堅く守らなければならないという戒めを説いているものと思います。

さて、アマテラスとスサノオが互いの神器を互いに噛み砕くというその儀礼行為は、日本古来の神聖なる誓いの儀式で、神前で執り行う三三九度の祝杯の原型でもあります。

最近まで特定の社会で、その儀式に則って行われており（今も行われているでしょうが）、その行為は、「お互いに飲み干した酒杯を割る行為をもってお互いの契りを誓い合い、それによって、契約前の状態には決して戻らないし、戻さない、互いの誓いを破らない、もし破ることがあれば重罰を受ける、もしくは死をもってして償う」というものでした。この「誓いを破れば然るべき重い罰をもって贖う」というウケヒに沿った決まり事は、サンカ（山窩）というヒコホアカリ（彦火明命＝ヒコホホデミ：彦火火出見命）を神祖とし、ハヤト（隼人）をルーツとする漂泊の古民族が「八重垣《やえがき》」と呼んだ神の戒律、原理であったことから、わが国ではそれが古から続く制度であったことが分かります。

古代の出雲においてもそうで、その決まり事に則《のっと》って物事が運ばれていたのです。この神聖なる誓いの儀式は、今日、神社で行う神前結婚式などにも見られるもので、男女が互いに三三九度杯を交わし、土器杯《かわらけ》を割ることこそしませんが、神様の前で御神酒の杯を交わす行為をもって、互いの契りを結び、誓い合いをします。その誓い合いは、「婚姻前の状態には決して戻りません、戻すようなことをしません、神の前で互いに交わした誓いを破りはしません（一生添い遂げるという意味）」とするもので、互いの覚悟、心の構えをもって約束事を執り行うのが結婚式の本当の意味なのです。

また、スサノオが詠《よ》んだ有名な歌に、「八重垣《やえがき》の歌」というものがあります。「八雲立《やぐも》つ　出雲八重垣　妻籠《ご》みに　八重垣作る　その八重垣を」というものですが、この八雲の「八《や》」は「神の光」を意味し、「雲」は「神を覆い隠すもの」、それが「理《ことわり》」に従わぬ者」「グレ者」「邪な者」などという意味に転じます。

そのような者を「八雲の奴ら」とか「八雲の族《やから》」などと呼んだといいます。当時は漢字など導入されておらず、言霊の響きがすべてなので、この「八雲立つ」は、「ヤグモタツ」でなければならないので、「八雲立つ」は「八雲断つ」となり、次に続く「出雲」は「霧散する雲の間から出る」という意味になります。何が出るのかは次で明らかになります。「八重」は「ヤヘ」、「神の在」を表します。それはまた「光明」という意味でもあり、「垣」は「何者も侵すことのできない玄理」、「妻」は「ツマ」で「伴者」を、「籠み」は「コミ」で、「随える」という意味になり、あるいは「戒律」を意味するものであるといいます。後は「八重垣」の繰り返しです。以上を繋ぐと、「神を覆い隠す雲が消え、散りゆく雲の間から姿を表した神の光明は、何者も侵すことのできない玄理・戒律であり、伴者を随えて、神の光明の戒律を作る」となりますが、これまで伝えられてきた解釈とはまったく異なる内容となっています。

　私にはどういう訳か、スサノオの姿がモーゼのそれと重なって見えてしまいます。その理由は、この情景があまりにも「モーゼの十戒」のシーンによく似ているからです。丹後一之宮・元伊勢「籠《この》神社」には神体山としての天香語山《あめのかごやま》がありますが、そこの「真名井神社」に奉られる神を伊勢の外宮と同じトヨウケ（豊受大神）といい、この神はヘブル（ヘブライ、古代イスラエル、古代ユダヤ）の神ともいわれています。実はこの「籠神社」の宮司家である海部《あまべ》氏が所蔵する籠名神宮祝部丹波国造海部直等氏之本記（いわゆる勘注系図）には、モーゼがシナイ山に登って十戒を授かる話が記され、モーゼがそのシナイ山に登った時に、雲の中からヤハウェが現れる場面を彷彿とさせる情景が神の名として記されています。

　海部氏の始祖は「ヒコホアカリ（彦火明命）」で、ここの話にある天押穂耳尊の御子です。海部氏のその系図には、そのフルネームを「天照国照彦天火明櫛玉饒速日命《アマテルクニテルヒコアメノホアカリクシタマニギハヤヒノミコト》」としており、その二世の名を「アメノカゴヤマ（天香語山命）」、三世が「アメノムラクモ（天村雲命）」で、その名を見ると、アメを天空と解釈すれば、ホアカリは、「天空を照らす火の明かり」、カゴヤマは、香語は香具でもあり、香具はカグッチ（火ノ神）のカグを連想することから、火の耀きとも解釈できるので、「天空に火の如く耀ける山」、ムラクモの村は叢でもあり、村も叢も群がりを表し、斑（ムラ）をも意味するので、「天空に現れた群がる斑雲」となり、則ち、ホアカリは、「天空を照らす火の炎に似た明かりがシナイ山を照らし、モーゼの顔を照らした」。

カグヤマは、「燃え盛る火の如くにシナイ山は光り耀いていた」。ムラクモは、「やがて天空に群がる斑雲が現れて主の声がした」という解釈になるのです。これが本当なら、まるでモーゼの前にヤハウェが現れた状況そのものといえます。もしそうであるなら、海部氏はやはりヤハウェと何らかの関係にあるのかも知れません。先ほどの海部氏の系図にあるように、ヒコホアカリはニギハヤヒ（饒速日命）でもあって、実は、石上《いそのかみ》神宮に奉られるフルノミタマ（布留ノ御魂）とも同体です。神霊となる前は布留《フル》ノ命《ミコト》といい、その祖の名はヘブルと聞いています。

ムスヒ（産霊）は宇宙創造をなす匠。
その働きでこの世が新たな姿に変容するとき、
霊界と現界の境界線が解き払われる。
人々は宇宙のモトス（元主）に招かれる備えをし、
人々はモトツヒ（本霊）の姿に還っていく

解説の四　次の段階に入った宇宙の創生サイクル

【神託】1-4

世の変わり目は　この約束事の結び目解くぞ　神が解くのじゃ
解けば何もかも崩れていくぞ

もう時間が残されていないのではないかと思える今の世界状況にあって、その打開策がとにかく急がれていることは誰もが分かっていても、問題山積の今の状況から将来を見据えてどう解決していけばいいのか、未だその糸口さえ誰も見出せないでいます。

誰の心にも利己的エゴという曲者《くせもの》が居座っているので、人の心がその支配を受けている限り、その支配から抜け出せない限り、その産物として前に述べたようなネガティブな現象が起きてしまいます。学校とか会社とか人の集まるところにいると、本人の気づかないうちに、利己的エゴにコントロールされることも多く、次第に自己中心的になり、自分勝手な行動で周囲に迷惑をかけてしまうこともあるでしょう。

そうなる理由は色々あって、何か満たされないことがあるのかも知れないし、誰かに対する恨みとか妬《ねた》み、嫉《そね》みなどがあってのことかも知れませんが、ちょっとしたことで苛ついたり、無性に腹が立ったり、空虚になったり。そうなったら、心が散漫になり、勉強も仕事も粗雑になってしまって、思考においても、言動においても、行動においても荒くなるものです。

それで何かにつけ、誰かを叱責したりすることが起きてしまうのです。始めは、たとえそれが自分本位の正義感から生じたことであったとしても、またそれが、窮地に追い込まれたことで生じたことであったとしても、いずれにしても、人を不快にしたり、傷つけたりしてしまうのです。

魂の内なる光は、その人の声や言葉、表情、容姿、所作などを通して、外の世界に放たれますが、利己的エゴに支配されてしまっている人の心は、自らの内なる魂の光を閉ざすばかりか、まるでブラックホールのように、人の魂の光までもその人の内なるネガティブな領域に吸い込んでいきます。誰かにエネルギーを吸い取られたという話を聞いたことがあるでしょう？　そういう時はそのような状況が起きているからです。

物体が光化する時代を迎え、土はその使命を蘇らせる。
土に高次の光の種が播かれ、光の樹がなり、光の実がなる。
高次の霊性の光に導かれて人間界は神聖時空へと変化し、
人々は高次の光から放射される霊氣を呼吸していく。
それに導かれ、それを呼吸する人々が地上に現れてくることで、
その光は人間界を円環し、土の光は目覚めぬ人々に力を授ける。
樹木の光は時空に愛の氣を注ぎ、そうして世界は変容し、
そうして神界の玄理は地上界にもたらされていく。

解説の五　光の次元の降下、光の世界への移行

【神託】１－５

そのとき　人の世にとりて何が大事であるかわかるものだけ
次の世を迎える種なる人となるのじゃ

人間の世界にとって重要なこととは何か？　それを理解している者だけが、近い将来に訪れる新たな時代の種人《たねびと》（＝雛型）となるようです。その者は新たな霊性を得たことで、人々を高次元の光に誘う者となります。

そこで、高天原（神々の坐す天上界）で起きたわが国の神代《かみよ》の話です。〈解説の三〉の【補足】でアマテラス（天照御大神）が天の岩屋《あめいわや》に籠った神話の続きになりますが、スサノオ（須佐之男命）の粗暴な行いが原因でアマテラスが岩屋に閉じ籠ってしまい、天上界（高天原）は日の光を失うことになり、世界は暗闇になってしまいました。

困り果てた神々は、アマテラスが再び姿を現し、世界を遍く照らして戴《いただ》けるよう、会議を重ねた末に数々の神儀を執り行うことにしました。その数々の神儀のすべては「光の再生儀礼」を行うためのものであったのです。

これを「天《あま》の岩戸《いわと》開《びら》き神事《しんじ》」といいます。そして、神々が執り行った神儀の中で、その中心的働きにあったのが、女神アメノウズメ（天宇受売命）の存在であり、その伎舞《わざまい》でした。

この神話の大事な点は「相応の理《り》」、「類似の法則」です。そこで、「鏡」がアマテラスの象徴とされているのはなぜでしょうか？　その訳を白翁老はいいます。「宇宙は鏡の玄理であるが故、云々……」と。「鏡の玄理」が「相応の理」であることはすでに述べた通りです。

この伎舞は日神を迎えるために渦状の舞（旋回螺動）をもって行うもので、そもそもその渦状の舞は宇宙の天球創生にあたる玄理に因《ちな》む舞法であり、それを舞うのはアメノイヅノメ（アメノウズメ）だけに許された秘儀でした。

その秘儀は日神を迎え入れる伎《わざ》であり、日神を迎え入れるには、女神自らが光と化す必要がありました。つまり「鏡の玄理（相応の理）」です。自らが光と化すということは、自らが日神の依《よ》り代《しろ》となることで、言い換えれば、自らの身体をその神の座《くら》とすることにありました。この自らを神の座《くら》として行う舞を神座《かみくら》の舞《まい》といい、これが神楽舞《かぐらまい》（略して単に神楽とも呼ぶ）の語源となったのです。

この日神を光の化身とすれば、というより、光そのものと置き換えるなら、舞（回転螺旋動）は光を迎え入れるがためのものということになります（※因みに、このようにアメノウズメは神々の前で舞を執り行った神であることから、神楽の祖、舞踊の祖神と呼ばれるようになりました）。

ところで、後ほど〈解説の八〉の補足のところで詳しく述べますが、人間の苦悩の始まりは重力に原因があり、その歴史はそれとの戦いでした。その重力からの解放に向けてあらゆる人間の発明の歴史があった訳ですが、実は、日本にはその重力から解放される方法が古より伝えられていたのです。「天の岩戸開き」におけるアメノウズメの舞にその秘密がありました。

実際、舞は、私たちの肉体を重力から解き放つための身体術なのです。舞を深めていくことで私たちも天女のような羽を得ることができるのです。舞をもって心を深めていく中で無重力を体験するようになります。

無重力の中で心身が解き放たれると宇宙と一つになった感覚を覚えます。宇宙と一つになれなくても、意識が光に包まれているような感覚になり、その感覚の中にいると意識が無の状態に置かれているのを実感できますし、そのプロセスを経ていくと、やがて脳裏に霊的な光を見る日が訪れます。

それはさておき、かつて白翁老が私にこう語ったことを覚えています。

「**あると思えばある。ないと思えばない。すべては信、自《おの》が次第なり**」と。

信とは信念の行為です。すべての創造は信じるところから始まります。心身に光を招くのも、高次元の霊性の存在や霊的な光を信じる心がないと、光を見ることも、宇宙と一つになることもなく、何も起こらないのです。この信念と具現化の関係もまた、「相応の理」ということになります。

アメノウズメが光を放ち、岩戸の前で神々の笑いを誘う神楽を舞い、その笑いが放つ光と、鏡に写った自らの光を見て、アマテラスは不思議に思い、顔を覗《のぞ》かせた瞬間、アメノタヂカラオ（天手力男神／命）の神によって引き出され、高天原に再びアマテラスの日の光をとり戻せたことに成功したように、それに倣って、私たちが自らの心身に高次元の光（霊光）を迎え入れるには、アメノウズメのように、まずは自らが光の意識そのものになることが鍵で、そうなることで高次元の光を引き寄せることができるというものです。

このように、高次元の光を得ることで人々を高次元に誘う働きをする人々、その人々のことを、新たな世界を迎える「種人《たねびと》」といいます。

古代中国には老荘思想という教えがあって、それに説くところでは、天地宇宙の真理を悟り、神のような高い意識領域にまで到達していて、しかも、完全なる道徳を身につけた理想的人間を「真人《しんじん》」としています。

この「真人《しんじん》」を「仙人《せんにん》」の別称とも捉えていたようです。ところが、「真人《しんじん》」というこの言葉をわが国では「真人《まひと》」と読み変えています。「真人《まひと》」の解釈には色々な説があり、どれも間違いではありませんが、秘教霊学においては、「純粋な魂のままにあって、肉体は地上界にあり、その意識は天地宇宙の中心に統一されていることで高い感性を有し、その状態をもって、高次の霊性と共にある霊性を有する存在」としています。簡単にいえば、「深遠で聖妙なる霊性を宿す人」となるでしょうか。

神の命《いのち》を頂き、神の言葉から発する「命《めい》」を受け、神の言葉である「神言《みこと》」を神に代わって発令する人であり、その位に立つ人を、神世《かみよ》の時代では「ミコト（命）」と呼んでおり、また、その「神言（ミコト）」の発令を「詔（ミコトノリ）」といいました。さらには、その「神言（ミコト：神の言葉）」を預かるという存在、預言者のようなその存在を「ミコトモチ」と呼んでいたのでした。

以上のことから、「種なる人」となるには、自らが光を放つ身となること、神の言葉を預かる者となることが求められます。

【補足】

天武天皇の時代。天皇がそれまでの氏族の姓を新たな身分制度として定めた八色姓《やくさのかばね》（真人《まひと》、朝臣《あそん》、宿禰《すくね》、忌寸《いみき》、道師《みちのし》、臣《おみ》、連《むらじ》、稲置《いなき》）の中の最高の位を真人《まひと》と呼び、皇族から選別された者に与えられたと日本書紀に記されていますが、ここにいう真人《まひと》はそれの解釈ではなく、むしろ古代中国の真人《しんじん》の方に近いものです。

この「深遠で聖妙なる霊性を宿した人が、深い信念と愛和の精神のもとに、理想世界の形成に努め、自らの霊性の向上とその完成を目指すのはもとより、今生で縁をもった人々のその霊性の向上と完成にも協力を惜しむことなく、それと同時に、次世代の心にもその光の種を播いていく使命を有する人」、これがここにいう「種なる人」の解釈です。

私たちの誰もがその「真人《まひと》」の段階に至るよう努めねばなりませんが、それには、「人間の実体が霊であることを覚り、つねに霊性の向上に努める」ということが求められ、そうであることが何よりも優先されるべきところです。

私たちが自らの霊性の向上を図る上において「深い祈り」が求められます。その祈りの中、「内なる霊性の光の中に自らの思考と言葉と行為を浄めていき、さらにその思考、言葉、行為の三つの質を高めて行く」。それが鍵となります。そうあってこそ、本来の「聖なる魂の目覚め」が迎えられるのです。

【補足】

余談になりますが、神道の祝詞《のりと》に大祓 詞《おおはらえことば》があります。その一節を見ますと、「天《あめ》の益人《ますひと》らが過ち犯しけむ」の言葉が目に入ります。

太古のこと、スメロギ（スメラギ：光の王）の勅命を受けた皇御孫《すめみま》（王の御子）が、地球の探査分析を行う一団、入植者らの安全と防衛に当る一団、住居を建設する一団、遺伝子操作によって混血生命の繁殖を担当する一団など、それぞれの集団を束ね引き連れ、地球に降り立ちましたが、原始生命の遺伝子の操作によって混血生命を創造してみると、それはまだ不完全な亜生命の状態だったので、高位の意識の一部をそれに同化させたところ、地球の重力のもとにこれまで存在してきた原始生命体は予想した以上に繁殖本能が強く、高位の意識よりもその本能の方が勝り、無秩序な生殖状態を引き起こしたばかりか、知恵がついたことで、その知恵がエゴの目覚めを促し、さらにエゴの利己的な面の誘発によって、さまざまな過ちを犯してしまうのです。

天の益人らによって創生された亜生命体の我執性（分離・所有・支配・恐怖・嫉妬・怒りなどの意識）の根元は重力にあります。重力がエゴに目覚めた意識に多大な影響を与えることなど、天の益人らの想定外のことでした。

この遺伝子操作での繁殖担当の一団が大祓詞にいう「天《あめ》の益人《ますひと》ら」で、その後、亜生命体は現生命体としての人類に進化しましたが、残念ながらといいますか、人類はその益人らの過ちによる亜生命体の遺伝子が残っている状態にあります。だから、人類は何度転生を繰り返しても不完全な生命領域を抜け脱せないでいるのです。

そこで、太古より日本の神道に伝わる「禊《みそ》ぎ祓《はら》い」という行法ですが、これは、負の因子の遺伝子情報を書き換えて、重力から魂を解き放つ秘儀とするもので、「布留倍《ふるべ》の祓い祝詞」に記されたサムハラの体技をもって心身を祓い清め、（※サムハラ＝武産祓：宇宙の螺旋波動、これを龍神の働きともいいます）、魂を純化させることで、人間生命を本来の純粋無垢な状態に戻し、霊性を向上させることを目的としたものです。言い換えれば、生命の本源である五次元体、《真人（神聖生命）》に戻るためのものでした。

【神託】1－6

光の種である　物の種を光の種にかえることぞ
光の種　土にまくぞ　光の樹が成りなるのじゃ
光の樹に　光の実なるぞ
人の世は神の世となり　光の息となる
土は大事ぞ　これからは土の世ぞ
大地にしっかり根を張る世ぞ

この二行目以降の、光の種を土に播《ま》き、光の樹が成り、光の樹に光の実が生り、そうして、人の世は神の世となり、光の息となるという言葉なのですが、この**《光》**というのは何を意味するのでしょうか？

〈解説の四〉のところで、「高次元の光」や「霊性の光」を説明しています。その光のことでしょうか？　それよりも物理的な光を指すのかも知れません。


それと関係するのが、「ケイ素」の存在です。最近どういう訳か、「ケイ素（Si：硅素・珪素・シリコン／原子番号14）」が話題になっています。

ケイ素は地球を構成する主要な元素で、土の中にも植物の中にも存在します。

因みに、水晶（石英結晶）は高純度のケイ素にあたります。**《水晶のような》**というのはこのことをいっているのでしょうか？　ケイ素を顕微鏡で覗くと光っていることがよく分かります。

ケイ素が土の中にも、植物の樹にも、植物の種の中にもあることを思えば、そのケイ素が何かに反応して、というか、何かと化学反応を起こして、**《光の種》《光る土》《光る樹》**になるということなのでしょうか？

ケイ素はもちろん人間の体の中にも存在し、特に脳幹（生命維持脳）ですが、その中にある「松果体」は光の器官とされていて、ケイ素が含まれています。そしてこの松果体が人間の生命を変容させる鍵といわれているのです。それは、松果体が霊次元の光を受発信する器官ともされているからです。

近い将来、量子物理学の世界において、この「松果体」と「ケイ素」の関係が、「意識」と「ニュートリノ」の関係と共に解き明かされる日がくるかも知れません。

そのこともあってか、ケイ素が最近注目を浴び出したということは、この松果体をもって高次元の意識の世界を迎えるという予兆でしょうか。そのような時代が近づいていることの知らせなのでしょうか。**《人の世は神の世となり　光の息となる》**というのは、そのような意味を含んでいるのかもしれません。

《人の世は神の世となり》は、「人間の世界は神聖な時代を迎える」というようなことを示唆しているものと思います。

《光の息となる》は、「神の霊氣を自らの息とする」という意味なのでしょう。つまり「神の霊氣をもって健全に生きるようになる」ということではないでしょうか？　言い換えれば、「人々は高次元の光に包まれて安らかに暮らせるようになる」、そのような意味ではないかと思います。

次に「土」です。**《これからは土の世ぞ》**と説かれています。これはつまり、これから先は「土の時代がくる」という意味なのでしょう。これからは「土が重要になる」という時代を暗示しているものと思います。では、「土に触れる」ということに何か深い意味があるのでしょうか？「土に触れる」ということが重要な時代になってくるとの意味でしょうか？

例えば、「土に触れる」というのは「土を耕す」ことに関わるものでしょうし、それをそのまま解釈すると、「農業」ということになるのでしょうか？それ以外では、「土に関する作業とか仕事」を指しているのかも知れません。

英語で「文化」を表す「カルチャー」の本来の意味は「耕す」ですが、それは、「土を耕す働きに倣って自らの心も耕す」との意味にもとれます。

「土をコンセプトとする仕事がこれからの生活文化スタイルを形成し、人生のあらたな創造者となる」ということを暗示しているようにも思えます。

それにはまず、「土とは何か」を探究することから始める必要があります。「土と生命との関係を究め、人間生命における土の存在意義を覚る」ことが、《**これからは土の世ぞ**》という言葉を解く鍵となるのかも知れません。

だとすれば、「土に耳を当て、土の声を聞く」という行為をしてみること、そこから始めてみるのも一つのヒントになるかも知れません。

私たち人類が誕生する遥か以前より存在しているその声なき声を、その知性ある声を、聞いてみるというのもいい方法ではないでしょうか？

遥か古代の人々を縄文人と呼ぶようになるのは現代に入ってからですが、土と森と水の精霊と共に生きた遥か古代の人々の、その知恵を、その精神を、その息遣いや生き方をようやく感じとる時期が来たのかも知れません。

ところで、そのケイ素に匹敵する物質があります。それは酵素です。ケイ素はこの惑星を構成している元素の一つですが、酵素もまた同じで、地球誕生の当初から海洋や大地の中に存在したものです。ケイ素も酵素も土の中に存在しているものですから、土に触れることで、土を耕すことで、「心は癒され、本当の意味での賢さを覚えることができ、言い換えれば、魂の智慧が蘇り、身体は壮健になり、そうなるからこそ、ケイ素によって本来の人間としての生命を取り戻すことができる」。そういう話であれば、私たち人類の未来は捨てたものではありません。むしろ、明るい未来のように思えます。そうなるのも人類の霊性次第。私たち人類の魂の感性次第というところです。

【補足】

現代人は多くの電化製品に囲まれ、電磁波に晒されながら暮らしてきました。近年ではケータイやスマートフォン、ＰＣと連動する多種多様なＩＴ家電の普及で、それ以上にその害の影響を受けた生活をしていますが、さらに拍車をかけるように、食品に混入した添加物や防腐剤、遺伝子組み換えの食材、環境ホルモンなど、それらの影響下にあって生命の維持が困難となる生体的障害が発症しています。

そのような時代にあって、いくら霊性の向上とか魂の目覚めとはいっても、やはり、肉体の方がどうにもならなくなってしまったら、それも叶わなくなります。

ところが近年、ケイ素の話題が浮上したことで人類に福音がもたらされます。なぜなら、ケイ素は電磁波の影響を抑え、生命を救済する元素でもあるからです。しかしケイ素とはいっても、非結晶性の植物由来のケイ素に限られているのですが、このケイ素が、生体の振動率を高め、体内のソマチッドの活性化を促すのです。

そしてそのソマチッドが、生体に障害が生じている部分の細胞を一旦リセットさせ、生命を本来あるべき正常な機能に戻し、生体の正しい位置に戻すという訳です。

またケイ素は、血管を若返らせ、臓器を丈夫にし、骨の形成や骨粗鬆症を予防し、毛髪を育て、脱毛をも防ぎ、爪や歯を丈夫にするだけでなく、軟骨も再生し、皮膚を艶やかにし、さらに皮膚の老化も予防する働きをするということですが、それだけでなく、コラーゲン、コンドロイチン、ヒアルロン酸、エラスチンなどの、体内の細胞組織を結合させるのに欠かせない物質であるといわれています。

このことから今では、健康分野や美容分野などで大きく取り上げられてはいますが、このケイ素が身体を霊的なレベルに変容するために不可欠な物質であることは、ぜひ憶えておいてほしいと思います。

因みに、ソマチッドというのはもう知っておられる方も多いことでしょうが、それは、化石の中で生き続けながら地球上のすべての動植物の体内に共存・共生し、寄生主の生命活動の原動力の基盤となっている地球最古の原始微生物とされています。また、そのソマチッドは、生体のエネルギー生成と酸素呼吸の場となる真核生物で、ミトコンドリアの活動に必要な電子を供給する役割も担っています。

そして酵素ですが、酵素は生物の細胞内で形成される蛋白質を主体とした、消化・吸収など、体内の化学反応における触媒の働きをする高分子化合物です。最近ではソマチッドとの有効な関連性が指摘されており、マイナスイオン、ミネラル、人間の意識のあり方などの関連性も含めて注目されています。ケイ素や酵素に関するこれからの動向を注目しておく必要がありそうです。

天地の氣は愛《マナ》の恵み
それは命の源、それは命の糧、
それは生けとし生ける命の光である
今も昔も、そして、未来永劫、
愛の氣は宇宙大自然に充ち満ちている。
人は愛が何かを悟り、愛の氣を覚え、
愛と一つになることで永遠となり
神の元に還り、神となるのだ。

解説の六 霊化に向けての身体の変容

【神託】1-8

物食わねで死ぬることなきことを
これからの世の人々は知ることになるぞ
人はただ 光りておれば 生命は永遠に続くのじゃ

昔も今も、魂の光に目覚めた者は食べずとも死することがありません。人間が初めてこの地上に生を受けたとき、不死の概念すらありませんでした。将来、光の時代を迎えた人々はそのとき、その事実を知ることになります。自らの本霊の光であるところの魂の光と再会し、その光を放ち続ければ、人の命は永遠に続くことを悟ることになるのです。

《物食わねで死ぬることなきを》とは仙人の世界の話です。仙人は「不老長寿」を目指すものですから、それは当然のことでしょう。でもそれは、普通に生きている人間にとっては叶わぬ夢でしかありません。

ところが、**《これからの世の人々は知ることになるぞ》**とあります。人間はそれほど食事を摂らなくてもそう簡単には死ぬことがないのが、普通に暮らしている人間にもバレてしまう日がくるということのようです。

それはそうと、ずいぶん前にあったことで、奇跡のような話ですが、何年もの間、食べたり、飲んだり眠ったりしなくても、体重も減らず、病気にもならず、死ぬこともない、今もって生き続けているという人が、この日本にも世界にもいることをテレビや出版物などで紹介していました。今後、こういう人がますます増えてくるという暗示なのでしょうか？

それにしても私たち人間になぜそういうことが可能なのでしょう？

その理由として、二、三考えられることの一つは「身体の霊化」です。古代インドにも、古代中国にも秘教というものが伝えられてきました。インドのヨガや中国の気功には昔からそういう思想が伝えられてきました。中国には古くから「氣」という概念があり、「気功法」があります。「太極拳」もそうです。その動きの中に「気功法」が取り入れられています。

この「氣」を特殊な呼吸法で体内に取り入れ、さらにその「氣」を出し入れし、そのプロセスを繰り返し続けていくと、不死になるといいます。

では「氣」とは何でしょうか。「氣」とは宇宙大自然の「妙精《みょうせい》」です。

「妙精」は「生命の水の奇しき精」であり、霊的生命力のことでもあります。天地宇宙に遍くあるところの宇宙根元の生命エネルギーといえるものです。この「妙精」を体内に取り入れることで不老長寿に至ると伝えられています。

仙人が仙人である所以《ゆえん》は不老長寿にあり、それを得る術を仙術といい、そこに至る道を仙道といいます。その行法は主に丹田と呼吸にあります。

これは特殊な呼吸法をもって行うもので、「丹田呼吸」といいます。ところが、この呼吸法で「氣」を取り入れていると思っている人はいないでしょうか？　この呼吸法を習っている人の中にはそう思っている人もいると思います。

実際はそうではなく、この「氣」を精妙な感覚をもって内的に行うことにより、霊的次元からくる光が霊的体内（生命の本質である霊体）に流れ込んでくることで、そうではないことが分かります。精妙な意識が「氣」を引き寄せるのです。

丹田呼吸はその手段にしか過ぎず、意識を精妙にしないと意味がありません。その光は「氣」を媒介として生命体に「精」を与え、生命力を活性化させます。その結果、身体に変容が起こり、心身に霊化が起こるのです。このことを知っている人はおそらくわずかでしょう。

意識を精妙にする方法は色々ありますが、食事法もその一つです。宇宙は永遠に不滅の存在であり、そこから放たれる「氣」もまた不滅です。なぜならそれは霊的生命力だからです。このことは先ほども述べました。

霊的生命力である「妙精」と共に生きる人間の生命も本質的には不滅ですが、日常で普通に生きている人間にあってはその事実を知る機会もありません。ましてやその仙人のようにはいきませんし、宇宙とも縁がありません。

そこで誰でも簡単にできる方法があります。それが今いった食事法です。日頃、一日二食、腹六分目の小食に努め、断食などで食事を制限していると、肉体の細胞の原子の振動が微細になり、生命力は物理的に活性化します。

それだけでなく、霊的な面の振動も精妙になってくるのです。これは身体の霊化（光体化）と呼ばれます。小食による身体の調整によって自然に心身は霊化していきます。


食事による調整だけでなく、太陽を凝視する方法も一つです。私たちが生きているこの世界は現界（現実の世界）と呼ばれていますが、太陽の光は、この現界における肉体生命のエネルギー源となっています。太陽から放射される光は私たちの魂（霊体）の栄養素となるものです。その光を魂（霊体）が吸収することで、物理的な食物を摂らなくても、その食物に代って太陽の光は肉体を活性化することになります。

太陽の本源は霊太陽にあり、太陽の光の実体は霊光であります。霊太陽は宇宙意識そのものですから、当然、不滅の存在であって、その光と共にあろうとする人間の生命も本質的なところは不滅です。その理由は人間の本質は「霊」だからで、それを覚ればそれが分かります。太陽の光は霊太陽の霊光であって、肉体の実相は霊体であることから、太陽の光（霊光）は霊体（人間生命の本体）のエネルギー源となります。

その方法は、太陽を仰ぎ、その光を凝視し、その光を体内に誘います。丹田呼吸を用いながらその光が魂に流入するようすを想像力で思い描き、そのようにしてその光を魂に流入させ、その光が魂のエネルギー源となり、生命のエネルギー源ともなって、すると食を摂らなくても空腹にはならず、肉体の維持もできるようになり、さらには心身が壮健になります。

最終的には睡眠をとらなくても普段通りの生活を送れるようになります。これがヨギ（ヨガ行者）の秘儀とされている太陽気功です。

意識を精妙にする他の方法があります。瞑観《めいかん》です。瞑観は意識を精妙にするばかりでなく、心身の霊化にも役立ちます。瞑観というのは、具現化観想（リアリスティック・エンビジョン）のことであり、脳裏に描いたイメージを現実のものとする時空超越瞑想のことです。この瞑観は意識を統一し、内的に光を見るという方法です。内的に見る光とは魂の光です。魂の光を内的に見るという方法です。

意識を自らの内なるところに向けたとき、もうそこは霊的領域です。脳裡に白く輝く光を見れば、そこに見る光は霊太陽の霊光です。

なぜかそのことは知っているという感覚をもっている人が少なからずいます。それはその人の魂の記憶です。もうすでに準備のできた人といえます。

魂の光を内的に見ることを続けていくと、意識が精妙になっていきます。意識が精妙になっていくと、意識の波動が微細になっていきます。すると、細胞に微細な振動が起こり、細胞意識の振動率が上がります。振動率が上がっていくと、意識は冴え渡り、心身の霊化（光化）が促され、今いるこの次元より高い次元に意識を上昇させることになります。つまり、意識を精妙にしていくことで心身は霊化（光化）する訳です。


【補足】

中国の人々は今も気功法を取り入れた太極拳を朝の公園で行っています。インドではこの「氣」が「プラーナ」に相当し、ヨガの行法のボディワークと、ヨガ特有の呼吸法でこの「プラーナ」を体内に流入させ、流出入を繰り返すことで、不死身になれると伝えられてきました。

さすがにそこまではなれなくても、普段の生活の中で、いつまでも若々しく、瑞々しく、健康な肉体を保つことができれば、それはそれで意味があります。

ところが、その美容と健康を謳い文句（案内告知フレーズ）に女性に向けて告知し、ヨガのボディワークと呼吸法のエクササイズをもって広まって行ったのが、今日のヨガスタジオです。今や世界中の女性の人気を集めています。

この特殊な呼吸法を「丹田《たんでん》（マニ）呼吸」といいます。

この呼吸法は、普通の呼吸と違い、横隔膜を使った腹式呼吸によって腹部を動かし、そのことで大腸の蠕動《ぜんどう》運動は促され、さらにその動きは腸内環境をも整え、身体運動と合わせて血液やリンパの流れ、そして氣の流れまでも円滑にします。脳幹を刺激することでホルモンバランスを正常に調え、心身を壮健にします。

この「丹田呼吸（マニ呼吸）」は確かに効果覿面《てきめん》です。しかしその本質的なところでは、それを内的レベルで行うことが重要です。それを内的レベルで行わなければ不老長寿には至りません。

宇宙にはもともと意識（霊）の存在がありました。それはカオス（混沌）の状態にあり、やがてその存在の中に想念が形成され、その想念は意志となり、その意志は言霊となって、意識（霊）の内なるところに放たれました。それによって宇宙が誕生しました。宇宙は意識そのもの、霊そのものなのです。

言霊は波動となり、（※古代中国において、神仙術や天文学、易学に通じた方士はこの波動を龍の働きと捉え、その流動の働きを天地宇宙の創生力としての氣＝龍氣と捉えました）そして、宇宙の意志を担って活動する波動はカオス（混沌宇宙）を秩序立てていきます。その秩序の中で波動は光状を形成し、光状は球体となり、その球体が宇宙空間に配置され、次第に天体として整えられていきます。

西洋の秘教には、瞑想を用いて自らの脳裡（内的領域）に魂の光輝をとらえる密儀、つまり「霊太陽」を霊視するという行法があり、同じような行法に「神鏡《みかがみ》御拝」、または「自霊拝」と呼ばれる古神道の秘儀がわが国にはありました。

古神道の神儀《てぶり》において、鏡とは「自我を映し出す呪器」でありました。鏡は自らの姿を写し出し、自らの姿に神の姿を重ね合わることで神自体となる秘儀です。

これは天皇（スメラミコト）となる御方が現人神（アラヒトガミ）となるための秘儀中の秘儀で、天皇以外に許される修法ではありませんでした。

ところが神社にあってはこの重要な秘儀であるところのこの神器の鏡が、なぜか人の目につく社殿の扉の前に置いてあるのです。それはなぜでしょうか？

　そもそも「神鏡」は天照大神の御魂の象徴とされてきたことから、参拝する人々がその「神鏡」を通して天照大神を拝するものとされており、確かに、神道では「神鏡」を天照大神の御《み》霊代《たましろ》としていますが、実際は今述べたように、鏡を見て、自分の姿を霊太陽（天照大神の実体）の影と重ね合わせ、その霊光に自らの魂（霊体）と魄（肉体）を溶け込ませて一体化するという修法であり、鏡はそのために不可欠な神器だったのです。

　神社において、その玄理が分かる人にだけ分かるような仕組みにしてあるのです。これこそが古《いにしえ》よりわが国に伝えられている神道の神秘なところであり、英智といえるでしょう。

　とはいえ、現世を去れば誰もが一応は霊界に行き霊太陽と出会うことになります。

　それもこの世での本人の行い次第なので誰でもという訳ではないのですが、その霊太陽もまた霊界に移動した霊生命の栄養供給源となっているものです。

　この世でこの行法を用いて霊太陽と出会い、その霊氣・妙精を享受し、自らの霊性を高め、地上界での人生をより良いものとして人生を全うすることや、出会った霊太陽と一つになる神我一如（神人合一の意味）となるこの古き聖なる道も、ここに述べている「光を見る」という意味においては同じです。

【神託】1－9
光の言葉を放てよ　光りた思いでおれよ
ただ光りておればよい　何も考えることいらず

1－11
ただ光りておれば　世の中変わる

1－12
おのがまことの姿は　ただ光りてある姿ぞ
光りてあらば　まわりのすべてが変わりゆく

この最後の行の《**光りてあらば　まわりのすべてが変わりゆく**》ですが、この一節と松果体の機能である光の器官とは無関係ではありません。

この松果体の機能が働かなければ「夢見《ゆめみ》」はできないのです。「夢見」とは、想像によってそれを現実化する意識の力を使う技術ですが、その「夢見」の修得にあっては脳内に光を見ることから始まります。

　脳内を光で満たし、それを自分の体全体に広げ、そして包み込みます。相手（第三者）のある場合は、相手の体の中心、または、その体全体、または、その周囲に光を描いたり、内なる魂の光で包み込んだりする方法をとります。自分を始め、日々の暮らしの中で目にするものすべてにそれを行います。すると、その光に包まれた人は生命力が活性化されていきます。

　また、脳内視覚（心の眼）で見た、描いたその光は時空に放たれていくことで、やがて鏡に反射する像のように、何らかの形でその光は自分に返ってきます。この方法もまた「鏡の法則」である訳です。その法則が生きた瞬間です。

　これは古くより洋の東西を問わず、真理を求める者の間で実践されてきました。この方法により永遠の生命を得ることができるとも伝えられてきたのです。

　実際、自らの内的な世界に魂の光を放つという行為、魂の光を見る行為、脳内の松果体に光を観想するというこの観想法は、身体の霊化を促し、人間の生命本来の永遠性を覚えることになるのです。この観想法を私は「光瞑観《ひかりめいかん》」と呼んでいます。

　ただし、霊的次元でも「相応の理」という宇宙法則は存在しますので、〈解説の四〉のところで説明したように、こちらが光を発していなければ、霊太陽はそれを捉えることができません。霊太陽が同調できないので、人間の本体である霊体の方もその霊光を受け取れないのです。

このように、内的に光を見ることによっても霊太陽の霊光の享受ができ、享受したその霊光は自然と体の内側から外の世界へ放射されますので、それによって、周囲の人々の霊体も自然に活性化することになります。そうして、周囲の人々の心は温かくなって、幸福感に満たされます。

その現象は自然に行われ、誰にも気づかれず、感謝されることもないですが、光を放つ立場の本人はそれで徳を積むことになり、霊性も高まるのです。これがここにいう**《ただ光りておれば》**の本当の意味のようです。

このように脳裏に光を見る観想法である「光瞑観」を続けることで、人間の生命の本体であるところの霊自身が覚醒を覚えます。

この霊的覚醒は永遠の生命を得るのに不可欠な意識の段階とされています。

では、「霊」とはいったいどのようなものなのでしょう？　それは「思考するものの自身、意識の実体なり」と白翁老はいいます。「意識の働きは霊であり、霊の働きは意識なり」とも教えてくれました。

思考、感情などの心の働きは目で見ようとしても見ることができません。なぜなら、それが「霊」のものだからです。「霊」は目には見えないのです。

ならば、その心の動きの主体である自分とは何でしょう？　「霊」です。私たち人間の実相、人間の生命の本質は「霊」に他なりません。だからこそ、これから未曾有の困難な時代を迎えるとの示唆があった訳です。だからこそ、人間の生命にとっての霊性の目覚めは一刻も急がれるのです。この霊性の目覚めに至る段階または完了を霊化（光体化）といいます。

私たちは人間の生命の本質が「霊」であることに気づいていないので、自分の実体が霊であることに気づくと、「霊」である実体が目覚めます。その目覚めが霊化です。正しくはその時点から霊化が始まる訳ですが。

霊化するとは、特別な何かが起きるというのではなく、気づくことです。とはいえ、その霊化に至るには、つまり、自らの霊性が目覚めるには、普段の社会生活の中で、人知れず、地道な方法で徳性を培う必要があります。そうして自然とその目覚めは訪れます。

宇宙の「光」は量子力学的にいうと「光子（フォトン＝光量子）」になります。素粒子の一つにあたり、波性（波動）と粒性（粒子）の二つの性質をもちます。この「光子」が意志の元に集結し光を放射している状態が真の生命の姿であり、またそれは「霊の姿」であるともいえます。生命の本質は「霊」だからです。この「光子」に高次元の霊的な意志と波動を与え、生命の「光素」とします。それが霊的解釈にいう「霊光」、いうなれば「霊子」にあたる訳です。つまり、究極的にいえば、「光子」の実相は「霊子」ということになります。そして**《光の種》**とは、その「霊子」がもたらす神聖意識をいいます。

そしてこの「霊子」がもたらす神聖意識は生命のエネルギー源となっていて、地球上のすべての生命に慈愛と調和に満ちたその波動を与え続けており、その生育を助けています。「霊子」は人類に愛和の精神をもたらすのです。この「霊子」を身体上でキャッチし、それをレディエイト（放射）するのは、頭の深奥部の脳幹の中に位置する「松果体」という器官で行われます。

実は、この松果体の形成にはケイ素が大切な要素となっています。なぜなら松果体は物理的な光だけでなく霊的な光も司る器官だからです。つまり、ケイ素は霊界と物質界を繋ぐ働きにあり、松果体はそれによって、宇宙の根元エネルギー（霊エネルギー）を媒介する霊的器官となっているのです。秘教霊学ではこの「松果体」を頭部の霊中枢として重要視していますが、それはこの器官によって霊的な光のキャッチやレディエイトが可能だからです。

この霊的器官を、神道霊学では「天眼」あるいは「霊眼」、イナリ秘教では「命の目」、神道や武道では「心眼」、「上丹田（頭部霊中枢）」、真言密教では「魂の目」、チベット密教（ヨガも含む）では「アジナーチャクラ」、「第三の目」と呼び、エジプト秘教では「ホルスの目」などと呼んでいます。ある意味この器官は脳内視覚ともいえ、ここに精神を集中させることで、この器官は刺激され、「夢見《ゆめみ》」を行えるようになります。

私たちが自らの内なる中心に精神を統一し、それを繰り返し行うことによって、この霊的器官は活性化し、この器官が活性化することで体の細胞も活性化し、細胞が活性化することで、肉体を若々しく保てるようになります。

それをさらに繰り返していくと、高次元の意識に通じる霊的意識が目覚め、高次元の霊光を受け取れるようになり、それを放てるようにもなります。前にも述べましたが、脳内視覚で霊的光を見る瞑想法を「光瞑観《ひかりめいかん》」といいます。それを日常のワークにすることで、最終的には次元移行が可能となります。

【補足】

わが国の古い言い伝えとして、「天狗磐《てんぐいわ》」というのが日本の各地にあり、天狗磐のそれぞれの磐と磐とを繋ぐ不可視の霊的光の線なるものが、結界《けっかい》（魔の侵入を防ぐ霊的境界線）となって日本全土に張り巡らされています。

さらにその霊的な光の線は、天狗が瞬間移動するための光の道ともいわれており、「天狗の道」と呼ばれていたと聞いています。

昔、「神隠し」があったとされるのは、その磐の側を人が通ると知らぬ間にこの結界内に迷い込んだり、また、天狗が何らかの理由から人をこの結界内に隠したということのようですが、天狗の実体は山岳行者や修験者《しゅげんじゃ》を指したものといわれています。

それはともかく、その磐の側を通ると磐が光っていたという言い伝えもあって、おそらくその磐にはケイ素が多く含まれていたのかも知れませんし、もしかするとその山自体がケイ素の塊であった可能性もあります。

世の現れは虚ろ、確かなものなど何らない。
人の心が揺れるのは、人の心が虚ろだからだ。
人はつねに周りの現れに心が囚われ、振り回され、
惑わされている。世界はまるで迷宮のようだ。
事象に囚われてはいけない、惑わされてはいけない、
心の焦点を低い次元の出来事などに合わさぬよう、
自灯明であれ、闇を照らす智慧の光であれ。

解説の七　三次元界は幻想と妄想の現われの世界

【神託】1-10

何を云われても　黙っておるのじゃ
何をされても落ちついて　相手の反応に合わさぬがよい

1-13

まわりの現れにとらわれるなよ　まわりはうそもの（虚栄）じゃ

世の中の現れには色んな姿があります。その現れを大きく分けると二つです。一つは〈解説の四〉で説明したように、自然界によって引き起こる災害です。もう一つは人間の利己的な原因によって引き起こされる人災というものです。

この自然災害と人工災害、これらは別々の現象のように思われていますが、実のところ、これらの現象は表と裏の関係で、一つが二つに分かれた現れです。宇宙の歳層サイクルに基づいて地球の歳層サイクルが変化する時期と、人間の利己的行いとその影響で発動した自然界の再生活動の時期が一致し、その一致によって地球は大変動期を迎えることになります。

その流れで世界のバランスが崩れ始めます。闇の魔はそれを好機とし、その邪気を受けた人々の心は虚ろになり、操られた精神はバランスを欠き、あり得ないような危険な行動を引き起こす人間が次々と現れてきます。

目の前で信じられない事件が起き、人々はその災いに巻き込まれ、恐れ、怯え、泣き叫び、逃げ惑います。これまでの世界はこうでした。

これまではこのような災いから逃れることはできませんでしたし、そこから逃れる手立てもありませんでしたが、近未来の世界では違います。私たちの魂は地上界のあらゆる束縛や呪縛から解放されることになります。

言い換えれば、この世界（三次元物質界）に生じるすべての現象において、意識の力が優先するようになり、しかもその意識は霊的なものとなります。

その時代を前に、私たちが今後この地上界で心得なければならないことは、霊的とまではいかなくても、その意識の力をもって災いを回避することです。

自分の思いにネガティブを見たとき、自分の身が災いに遭遇したとき、その瞬間、心を無にし、自分の意識をゼロ磁場にしてしまうことです。

誰かの怒りや恐怖を目にしたとき、それに意識の焦点を合わせることなく、心を冷静にし、音無しの時空を想念して、身を平穏な状態に置きながら、その現象から意識の焦点を逸らし、災いを回避するようになるのです。

《何をされても落ちついて 相手の反応に合わさぬがよい》ここの一文はそのことを説いているのだと思います。

〈解説の二　紙幣経済の崩壊〉の章の**《分に応じた徳で返す》**では、【鏡の理（相応の理・円環の法則・原因と結果の法則）】の説明をしましたが、この章ではその玄理のところをもう少し付け加えて話したいと思います。

人間は誰に限らず、自らの心の中に利己的エゴが存在するものです。それが重力に支配されてこの三次元物質界で生きるということだからです。

重力に束縛されているからこそ、思い通りにならない焦りから少しでも早く、誰よりも思い通りにやりたくて、心の中に利己的エゴが生じてしまうのです。

思い通りにやりたいのは、自由になりたいという心理からくるものです。

重力は人間生命の自由を奪う働きにあり、それも一つの法則性なので、三次元物質界で生きていく上ではそれで仕方のないことではありますが、しかし、もし知らないうちに自分の中の利己的エゴが動いたとしましょう。そして誰かを傷つけたとしたら、その結果として現象化するものがあります。

それは思いもしないほど何倍にもなって自分の方に返ってくるパワーです。そのパワーで逆に自分の方も大きく傷ついてしまうことになるのです。利己的エゴが強過ぎる人間はつねに自己中心的に生きようとしますから、自分の行いで誰かを傷つけても自分の所為とは認めたがらないものです。

重力に負けて利己的エゴを強めてしまった人間は愛を知る機会がないので、よりその強力なエゴに支配されてしまい、孤立してしまう結果に陥ります。孤立は孤独を生み、心の中にネガティブな思いを生じさせることになります。

それでも利己的エゴの面や心のネガティブな面に気づくことさえできれば、そのときこそ、自分に新たな変化をもたらす絶好のチャンスとなります。それを克服すれば、ポジティブな心の動きの変化が見られることでしょう。しかし、何の対策もしないまま放っておくと百害あって一利なしです。

とはいっても、利己的エゴというものは誰の心の中にもあるものですから、克服するといってもそう簡単にはいきません。言うは易し、行うは難しです。いうのとするのとでは大違いで、重力の克服ですから、魂の問題になります。

それでも、その利かん坊のその存在が居座っている事実を見据えたうえで、言い換えれば、それを自己観察した上で、その癖（衝動パターン）をつかんで、コントロールできれば、反ってそのエゴが高次元へのジャンプ台となります。煩悩即菩提《ぼんのうそくぼだい》とはまさにこれで、意外にドンデン返しが起きるかも知れません。

この神託の本質的テーマは「魂の目覚めこそ人類最後の救済力」なのですが、その第一関門は、利己的エゴの克服、それと共に重力からの解放にあります。

しかし、これを克服し、魂を解放するには、もう一つの厄介な問題があります。目に見える世界（現界）にも目に見えない亜霊界（幽界）にもその問題はあって、その問題とは、醜悪な低次の意識が存在することです。これを魔といいます。

魔の存在は人間の利己的エゴから放出されるエネルギーを養分としているので、時にはそれを通路として忍び寄り、時には一瞬で心の中に侵入してしまう。この醜悪な意識が放つ負のエネルギーもしくは波動を邪気といいますが、魔の存在はまず、自らが放つ邪気をもって気づかれぬよう体を覆ってきます。ですから、この魔の波動や邪気にはよくよく注意を払わないといけません。

それを回避するにはまず、魔の放つ邪気の気配を感じとる感覚を磨き、その感覚を身に付け、その存在を身辺に近づけないようにすることです。

その存在を回避する方法がもう一つあります。それは逆転の玄理です。その逆転のポイントとなるのが先ほどのドンデン返しの話であって、魔の通路となる利己的エゴを逆支配し、それをジャンプ台に使うことです。

また後ほど説明することになりますが、神託の《**光りて**》という言葉は、その利己的エゴとネガティブを克服する魂の玄理のように思うのです。

自らの内なる次元にある魂の光を捉え、自らの意識の波動を高めながら、高次元の光と同化することで愛のエネルギーが流入し、愛の意識に包まれ、やがてネガティブはポジティブに昇華し、利己的エゴは光と化します。

魔の存在もまた、その光、そのエネルギー、その愛の意識を受け入れて、高次元の光の世界（高位の光の次元）に向かって昇華していくことになります。

そのプロセスを経験することこそが霊的進化にとっての重要な要素であり、何よりも優先させるべき私たち人間に与えられた魂の作業なのです。


近未来に人類の意識が変わり、感性が高まって、意識にジャンプが起き、魂の実在や、目に見えない別の世界があることに気づくようになるでしょう。そこから宇宙、生命、物質、すべての本質は霊であるという認識に至ります。すべての実体が霊である真実に気づけば、目の前で起きた災いに遭遇した時、「自らの意識の焦点を他の場所に移す」という方法に意識が目覚めます。これを「現象の瞬時転換」といって、これがテレポテーションの原理です。また、「瞬時に意識を真空にし、眼前に光を見る」という方法にも気づきます。こうして災いのバイブレーションを霧散させることが可能となる訳です。

この瞬時に真空状態に入る方法を、仏教では「空ずる」としています。この「瞬時に意識を真空にし、眼前に光を見る」という方法は、意識統一し、つまり、心の中心に意識を集中し、自らの内なる光を見るのと同じことです。自らの魂を通じて、高次の光の領域から流れ込む光輝と愛の律動をもって、その災いの対象を包み込み、さらにその対象と融け合っていくことをします。これをすることで、災いの対象すら調和した状態に変化することができます。高位の次元に直通するその内なる光が闇を照らし、その光輝で邪気が祓われ、闇の存在の仕掛けた罠もまる見えとなり、さまざまな呪縛から解き放たれ、魔の誘惑に引き寄せられることも、引き込まれることもなくなるのです。

高位の次元からもたらされるその霊的波動、その光輝が連鎖していくことで、魔に囚われたネガティブな思念は光に変容し、最終的に魔の力は消え去り、長い間、世界を翻弄してきた魔の災いから人々は解放されることになります。

また、それとは別の方法もあります。私たちが宇宙の実相を覚ることです。宇宙の実相を覚れば、物理次元の拘束的法則から脱出することができます。それができれば、高位の光の世界である五次元界への移行が可能となります。

簡単にいえば、この物質界に居ながらにして五次元体を思念することです。そうすると、私たちの生活が物質の方ではなく、霊的な方向に進んでいきます。五次元体を実際に体験するには、「脱魂（幽体離脱のこと）」という方法があります。その「脱魂」をもってすれば魂の本源の世界に帰還することも可能なのです。


それはそうとして、これまでに説明してきたさまざまな問題のすべては、マクロの観点から見れば、言い換えれば、宇宙全体の歳層活動から見れば、その歳層サイクルの中で展開されている生命の進化の一つのプロセスに過ぎず、生命の一現象に過ぎないことです。生命進化における森羅万象の一つなのです。全体からすれば、現宇宙が新たな生命創造に向けて移行し始めたということで、大いなる宇宙はつねに新たな創造に向けての変容を繰り返しているのです。

これから先の宇宙の歳層活動のサイクルにあたって、地球の意識からすれば、地球上における生命領域での新たな進展が期待できない、これまでのような、物理的原理をもってしてはその発展性が見込めない状況になったことから、一旦、ゼロベースに戻すプロセスを経なければならなくなったという訳です。自省には遅過ぎますが、私たち人類はそこを深く反省する必要があります。

宇宙はまさに再統合の時期にあり、地球もまたその再統合に向かっています。

それを前にして私たちはどうありたいか？　どうしていくべきか？
宇宙の霊性は、その行き先を人類ひとりひとりの意志に委ねています。これがこの神託において伝えようとしていることだと思います。

【補足】

醜悪な闇の存在の正体：この世界（現界）や亜霊界（幽界）には、それぞれの闇に潜む醜悪な霊的浮遊体（生霊・死霊を含む亜霊体）が存在します。この霊体は人間の利己的エゴを通路として、負のエネルギー体の状態で入り込みます。このことは重複になりますが前に述べた通りです。

現界と霊界の狭間に彷徨うこのエーテル質の霊的浮遊体は思凝霊《しぎれい》であって、これは何かのモノに固執した念（膠着情報：仏教に説くところの執着心）だけが、この世界（現界）に残った状態をいい、肉体を去った後（死後）も物欲から離れられず、粗野な欲念のまま亜霊界（幽界）に浮遊する亜霊体（幽体）のことをいうのですが、このような未成熟な霊的浮遊体は今では予想以上の数に上っています。この未成熟な霊的浮遊体が自らの欲念の重さでさらに重力に引っ張られていくと、その欲念にネガティブな力が働いてその浮遊体は魔と化してしまいます。そして数多くのそのような魔の念が集塊すると非常に危険な魔神を生み出すのです。

例えば、この欲念に縛られた霊的浮遊体が利己的エゴに支配された人間に触れたとき、また、その人間が強烈な欲望に突き動かされて何かの成功を目指そうとしているとき、モノに固執したその魔の浮遊体は、その人間の利己的エゴや強い欲望に執着します。それがその魔の欲念と合致することになれば、大いにその者の力となりますが、逆に、その人間の行動が気に入らなければすぐさまその行動を妨害する動きをします。

どちらにしても、その人間の行き着く先は遅いか早いかの違いだけで、やがて低次霊層域（霊的な下位層の次元）に引き込まれてしまうことになってしまいます。

そのようにこの霊的浮遊体は、人間の心の隙を見つけては、その意識の波長に同調し、さまざまなやり方でその人間に取り憑き、自らの欲念を遂げようと狙っています。

その標的になった人間は理性を司る脳の回路が外されてしまって理性が利かなくなり、感情も思考も支配された結果、その人間の欲望面だけが強い刺激を受けてしまい、「魔が差す」という言葉があるように、いずれ間違った道に迷い込んでしまうのです。そのようにして魔の浮遊体は最終的に人間を転落の道に追いやるのです。

それとはまた別の話ですが、利己的エゴに基づかない欲望というケースもあって、人々の幸福を自らの生きる糧とし、それを原動力に成功を目指す人間も存在します。

このような人間は地上界に生まれる前に高位の霊性（高次霊）とのやり取りがあり、そこでいくつかの人生ルートが示され、それらの中から一つの人生ルートを選択の末、その人生プログラムを自らに課すことになるのですが、そこで問題となるのは、その魔の浮遊体の存在で、その人間の幸福を憎らしく思い、そのプロセスを阻むのです。

それの阻害を果たすと、そのとき一応はその結果に満悦しますが、またすぐに貪りの念が浮んでくるので、その欲念は永遠に満足することはありません。我欲に始まり、苛立ちや怒り、嫉妬や怨恨など、そんなネガティブな感情を発するという、その思いそのものが魔の存在自身の目的になってしまっているのです。

このように、光の方に思いを向けず、闇の重い意識の方ばかりに念を置いていると、魔と化したその霊的存在は、いつまで経っても高位霊界へ進むことが許されず、高次の光を得られる機会すらも与えられず、出口の見えない光の霞んだような迷いの世界、亜霊界（幽界）に亜霊体（幽体）の姿のままで浮遊し続けることになります。

このような魔と化した霊的存在がこの三次元の世界（現界）に介入してくる限りは、人間の自由意志や霊性の向上はいつまで経っても妨げられてしまうばかりです。

なので、この世界の私たち人間はこのような魔の霊的存在を近づけることのないよう、いつ何時にあっても高位の次元と繋がり、その次元の高位の霊性の光を受け取れるよう、日々祈り、心身の中心統一（高位の次元に向けての入魂）を図っておく必要があります。

【補足】


ここにいう意識の変容技術とは、実は古より伝承されてきた神道の密義です。

稲荷山のその老翁の曰く、

「ただひたむきに太礼を修め、ただひたすら愛気を放てよ。

マニ（真丹）を練りに練って、その玉を宝石の如く輝かせる。

そのことに努めることである。

スッとした澄みきりの美しい心でいることじゃ。

フトノリ（太礼）とは自らの内なる天地（宇宙）、その中心に深く静かに入り行くことをいう。これは静かなる精神のチカラの道、天地自然と自らがひとつにあって、自らの生命と天地自然の生命が響き合い、緩やかに舞い踊る道である。これをフトノリ（太礼）の道と云う」


「マニ（真丹）」とは、神道にいう身体の神座（カミクラ：神の降り坐す場所）のことで、肉体と重なって存在している霊中枢をいいます。

日本には【ナオヒ（直霊・直日）】という言葉があります。古神道ではこの【ナオヒ（直霊・直日）】に通じる作法を最も重要な行としていました。

【ナオヒ（直霊・直日）の作法】とは、人間の意識の源は霊であると踏まえ、自らの意識を深遠で精妙なる宇宙の霊意識（本霊）に直結した状態に置くことをいいます。

言い換えれば、自らの意識を、本来あるべき本霊の次元に立ち戻るようにすることです。

これを古の言葉で、【元糺す（モトタダス）】と呼びました。これは古くも新しい道でありま す。真理への道はけっして錆びることがないのです。

人々が魂の目覚めを迎え、高次への移行の準備を整える時、
黒き闇の力をもつ者らや、魔に支配された眷属が続々と姿を現す。
そうしてその命を再び、重力の世界に引きずり込もうと目論む。
手を変え、品を変え、あの手この手で、誘惑の手を伸ばしてくる。
彼らにとってその時が最後の戦いとなることを知るが故に……。

解説の八 利己的エゴに毒された世界は堕落する

【神託】1-14

人の言葉に光と影があるぞ 光の言の葉だけに耳をかせよ
光のようにふるまう影の言の葉あるぞ 気をつけませい
光のようにふるまう影の笑顔あるぞ よくよく見極めよ

1-15

これからにせもの（偽予言者・偽神使）多くでてくるぞ

人間は真実と嘘という二面性をもっているものです。今もこれからの時代も人の言葉にはよくよく注意を払わねばなりません。ＴＶでのさまざまな釈明会見とか国会中継などを見ているとそれがよくわかります。今は裏が表に出る時代といわれています。嘘がつけない時代がきたのです。マズいことがバレてしまう時代なのです。「これからの時代は、自分が善人であるかような振る舞いをし、人の心を惑わし、言葉巧みに近づいてくる邪な心をもつ者が出てくる、また、謀《はかりごと》をもって世の中を巧みに操ろうと目論む邪悪な族《やから》も出てくる、さらに、偽預言者とか、詐欺師・ペテン師などの類も多く出てくるので、その是非をよく見極め、くれぐれも注意を怠らぬよう警告しておく」と、このようなことを伝えているように思います。

確かに今、社会を混乱に陥らせようとする人々が色々と現れています。嘘の儲け話で人を釣り罠に陥れる者、偽りの予言をして人を惑わす者、神からのお告げだとか宇宙からのメッセージだとか出任せをいって、人々の関心を集め妄信させ、利己的エゴを満足させている迷妄者、このような偽りの者の類が世の中に蔓延《はびこ》っていてやりたい放題です。そういうことが過去にもあり、これからもそういうことが起こるでしょう。

しかしこの例は、何も精神世界だけを指していうつもりはありません。ビジネスや政治の世界でも同じです。人の情を巧みに利用する類《たぐい》です。笑顔で近づき、人の弱みを掴むとそこにつけ込み金品を巻き上げる者、政治家や著名人の名を使って利を貪る者、最近その手口は特に巧妙になり、その範囲は政治レベル、教育レベル、医療レベルにまで及んでいます。そのような族《やから》は、今後ますます増えていくようになるでしょう。

なので、そういう類《たぐい》には騙されないよう、物事には理性を働かせ、いつも冷静な心で、慎重に対応してほしいと思います。

【神託】1－17

人がはかりごと（策謀）に落ちるのは
人が恐れをもっているからじゃ

1－18

恐れをもたば罠にはまるぞ

「恐れ」を別の言葉で置き換えると「心の弱さ」ということになります。魔は「人の心の弱さ」や「救われたいという心」に優しくつけ込んできます。その人を救ってあげるかのような言葉や巧妙な手口で近寄り、罠にはめます。上手くいかない時は泣き落としや、恫喝などの恐怖的手段を使うこともあり、知能犯ともなれば信用を得るために芝居掛かったこともやってのけます。周知のこととは思いますが、そのような族《やから》がすでに次から次へと現れてくる時代を迎えたことを、この一文は伝えているように思います。

ここ数年、高齢者の優しい心につけ込む犯罪がますます増え、後を絶ちません。そこで、人の言葉にはよくよく注意し、慎重に判断し、人の目の生気を見て、その嘘の心を見抜き、体《たい》を躱《かわ》す術《すべ》など学んだりして、私たち自身の意志でもって魔の棲む場のない社会を迎えねばなりません。

神道の修養に「赤心《せきしん》（嘘偽りのない心＝真心）」という条目があります。「慎為《しんい》（過ちのないよう落ち着いて控えた行動）」という条目もあります。この修養条目は日本人の身に受け継がれた行動様式そのものでありました。

近代西洋文化の影響とモラルの低下で今ではその精神も行動も希薄になり、このような恥を知らぬ徳のない人間を輩出する時代になってしまいましたが、それでも、そのような時代だからこそ、今は裏が表に出る時代ともいわれ、実際そうなっていますし、嘘が真実にはならぬ世を迎えてもいるのです。

今、そしてこれから、光の次元に向けての移行準備を進めている方々は、人の発するマイナス面にはくれぐれも目を奪われてはなりません。そこに目を奪われ、もし自分の心の中にマイナス感情が起きれば、魔はそこを通路として侵入します。恐れも怒りも憎しみもマイナス感情です。魔は、その恐れ、怒り、憎しみというマイナス感情を自らの喜びとし、栄養源としています。つまり、魔の力の原動力となっているのです。

マイナス感情を列挙すると、苛つき、焦り、怒り、恐れ、奢《おご》り、妬《ねた》み、嫉《そね》み、蔑《さげす》み、高慢、偏見、敵対心、悲愴感、絶望感、邪心、自己顕示欲などです。魔は忍び寄りをします。笑顔を見せながら近づいてきたりします。笑顔の裏にはその笑顔と反する別の顔が隠れているかも知れませんから、意味もなく笑顔で接してくる人には注意し、よく見極める必要があります。

【神託】1－19

悪しき思いをもつもの　生きておるものの中にも
死しておるものの中にもあるぞ

1－20

これからは　おのが思いに世の中を操りたいと思うて

1－21

なかなかの策の網をもちて　人々をがんじがらめに
いちもうだじん（一網打尽）にしてしまおうと悪だくみをしておる

重ねていいますと、そもそも人間の心には光と闇があって、というよりも、光と闇が人間の心を争奪戦の場としているのですが、人間が地上に生まれることになったのは、高次元の世界との約束事で、地上のネガティブな作用をポジティブな作用に変換する作業にあって、その作業に努め、霊性の向上を図っていく使命が課せられたことにあります。ネガティブな作用というのは重力による意識の拘束性のことです。

地球の重力は、魂（霊命）を距離と時間と位置の相関関係をもって三次元物理世界に拘束しています。これが私たちのいうところの生命、その実体です。その拘束によって、地球上の生命は位置を移動するのに限界性が設けられることになります。そうして地球上の生命はその範囲内でしか位置を変えることができない、変えようがない状態に置かれてしまうのです。

いうなれば、人間を含め、この次元の生命には自由がないということです。その拘束性の中で人間生命は何を体験し、その意識はどうあるべきか？　ネガティブな闇に陥るのか？　それともポジティブな光に向かうのか？

言い換えれば、どう霊性を高めていくかにあります。

人間は、その拘束性にあって自由を手にするという課題を背負っており、それがネガティブな作用をポジティブな作用へと変換する作業という訳ですが、これが箇単ではなくて、人間はどうしても重力の影響を受けてしまいますので、これまではなかなか思うように物事は運んでくれなかったのです。

そこでネガティブの作用としての闇が勝利し、人間の進化を阻んできました。それでも人間は気の遠くなるような年月を重ね、それに挑戦してきました。

やがて重力の拘束性からの解放に向け、数々の三次元的な発明に成功します。どんな生き物よりも速く、陸を駆け抜け、海を渡り、海に潜り、空を飛び、さらには、宇宙空間にまで到達することができるようになったのです。

しかし、それからかなりの時を経て気づいたことがあります。それはそのことによる代償があまりにも大きいものだったことです。かつての不自由な環境から自由になるために手にした近代の発明において、自然界の限りある資源を湯水のごとく使ってしまったことです。

かつて人間は発明によって便利な「モノ」を手にするようになりました。

しかしその「モノ」が他の生命を支配する力にもなることを知って、さらに多くの「モノ」を手にするために、外から搾取する方向に向かいます。このようにして人間は重力に負け、ネガティブな作用に巻き込まれて、責め争う道へと突き進みました。これが自然界の調和が崩れた原因なのです。

このように人類は自然界の摂理から自らの意識を遊離してしまったことで、人間の精神に不調和が起こり、その影響で自然界が不調和となっていきます。自然界の調和が崩れていくことで、自然界は自己治癒力を発動します。自然界は自らのバランスを本来の位置に戻そうと再生活動を始めたのです。

それが巨大地震であったり、火山の大噴火であったり、大型台風であったり、そのような天変地異を人類にもたらすことになってしまうのですが、人間側からすればそれは災難な訳で、まあ自業自得といえばそうですが、人類の犯したその結果として、その再生活動の影響を受けることになります。

そのとき、大災害の恐怖が残っている上に、その再生活動の影響によって、人類がこれまで築き上げてきた社会のルールや価値システムは崩壊し、それに伴い食糧危機が訪れ、世界は混迷の闇の中に呑み込まれていきます。

人類は重力の拘束性によって低下した意識に加え、精神バランスも崩れ、その流れにあって人間界の堕落は加速されていきます。

もともと人間の心には光明と暗黒の両面があります。今もそれは変わりません。

その心から放たれる言葉は人を幸せにし、不幸にもします。インターネットでも同じです。

古より日本には、言葉には魂が宿り、それは事物の創造や破壊の力をもつとされ、これを言霊と呼んできましたが、確かに言葉の力は周囲に影響を及ぼすのです。

そのようなことから、私たちの心に澱《よど》みや穢《けが》れなどが生じないようにするには、言葉に愛を込め、日々の仕草を麗しく、人の美しい心の面を見るように、清々しい心の声を聞くように、常々心がけておくことが大事だと思います。

【神託】1－22

絵ときは上から見ればよく見える

これは神としての目から地上の世界を見ることを指しているようですが、それは私たち人間にもそれができるのだと示唆しているように思えます。

実際のところ、私たち人間も「神の目」、「宇宙の目」をもつことができるのです。物事が起こっていく様子を理解するには宇宙の視点から見ることです。

宇宙の視点から見るといってもあまりピンとこないかも知れません。例えばそれは空を飛んでいる鳥の目で眼下を見下ろすような俯瞰《ふかん》的感覚です。

それは、今、起きている物事や過去に起きた物事を上空から客観的に見る。もっと上空で俯瞰するなら、スターシップ（宇宙船）から地上を見るイメージです。

日常の生活に置き換えれば、自分の心や目の前の対象を第三者の視点で見る、言い換えれば、自分の思考とか言葉、行為をもう一人の自分が見る、俯瞰する、観察するといったような感じですが、そこに感情を入れないところが鍵であって、感情があっては第三者の目にはならないし、観察という行為もできません。そういう視点で空から自分の様子、心の動き、言動、立居振る舞いを見てみる。もしくは、社会の様子、世界の動向を客観的に見てみるようにする。そのような目で見ることができれば物事の関係や流れがよく判ってくるものです。

といってもそのような言葉通りのものではなく、そのニュアンスも違っていて、実際、この宇宙の視点から見るというのは「霊的な目」で見るといった感じです。

これを「宇宙の目」といいます、言い換えれば「内なる目」ともいえるでしょう。〈解説の六〉でも述べましたが、これを「天眼」「霊眼」「命の目」「心眼」「魂の目」などと呼んでいます。すべて同じ意味です。このような「霊的な目」で見る感覚は、肉体の目で見るよりも遥かに鮮明です。このような「不可視の視覚」で自分の心理を観察し、世界の動きを捉えます。それが新たな世界を創るこれからの人々の能力となります。

【補足】

※この補足コメントは私のつぶやきです。自然界の調和が崩れた原因を探りながら、未来の私たちの生活がどのようになるかを連想しての物語なので話が長くなります。この先の本文をお急ぎの御方はこの文面をスルーして次のページに進んでください。興味のある方は一読して頂ければと思います。

◎自然界の調和が崩れた理由

そもそも自然界の調和が崩れていったのはいつからなのか？　その推理をしてみた。その理由を太古に遡ってみると、人間がこの星に登場したことに始まるのではないか？

この星がエデンの楽園ならまだしも、ニュートンではないが、この星には重力があり、林檎は樹から落ちた。そういえば、アダムとイヴも林檎の実を食べて楽園から追放され、アダムには労働、イヴには出産という重い苦しみが課せられたと旧約聖書に記されている。

アダムとイヴは人間の始祖とされるが、二つの林檎の共通点は重力ということになる。ということは、この星の重力に人間の始祖も引きずり込まれてしまったことで、その末裔の人間にも重い意識（ネガティブ意識）が芽生えることになったのではないか？

もしそのような重い意識が自然界の今の不調和な状況と深く関係しているのだとすれば、アダムとイヴ以後の人間の暮らしは重力との長い戦いの歴史であったように思える。

それと関係するのかどうか？　重い意識は石の文化を生み出し、やがて鉄の文化が現れた。

重力に呪縛された人間の意識が自然界の重力に従属する石や鉄を人工的に利用するという、類似の法則に従うように重いものと重いものが結び付いた世界がこの星に形成された。重力が形成した世界ともいえる。そして、この重い世界に拍車が掛かる出来事が起きてしまった。人間の心に欲という感情が芽生え、その欲の感情はより重いものと結び付いていく。そうして人間の心に我欲（利己的エゴ）というものが生じ、人間の我欲の心はより重く、より固い確実な「モノ」を求めたので高度な鉄の文化が産み出されたのである。鉄は地球の支配の道具となり、その支配欲は貨幣という便利な「モノ」を作り出した。

続いて、自然界が不調和になったのは西洋文明が世界を牽引したことの弊害からだ。とはいえ、西洋文明を否定はしないが、工業生産第一の社会を生み出した産業革命以降、生産作業の効率が利益向上に繋がることで、その効率的価値観、合理的価値観が生まれ、その効率的、合理的思考が人々の生活の中にも入ってきて、人間性を奪うことになった。公での人間教育の場や家庭での人間教育の消失によってモラル（倫理・道徳）が低下し、人間の暮らしは大自然の営みから徐々に離れ、やがて大きく掛け離れていったのである。

結論として、重力と効率、それが自然界を不調和にした根本要因ではないかと思う。

◎重力からの解放を目指す物質文明

石は重力と共に地にあったが、人間は重力と共存することを選択することはせず、その重力から逃れるために哲学を生み、科学が生まれ、それらを発展させた。哲学と科学は相反する道を歩み、科学は産業と結び付くことでさらなる発展を遂げた。その流れから産業革命が起こり、より早く、遠くに移動できる機関車や自動車が登場し、また、より遠く、空高く、より効率よく移動のできる航空機の発明に至ったのだが、重力からの完全な解放にはならなかった。そこで重力と速度の概念を変える必要が生じた。

重力の解決では、より軽く、より薄く、より短く、より小さいサイズの「モノ」を、速度の解決では、その場にいて、知りたい「モノ」を知り、見たい「モノ」を見て、必要な時に必要な「モノ」が時間が掛からずに手に入るようなシーンを夢見た。

それを可能にしたのがコンピュータ・システムだ。このシステムが世界を大きく変革させた。日常生活はＰＣ（パーソナル・コンピュータ）の時代へ移り、それにＰＣと衛星通信が結び付き、GPS（位置情報の感知システム）も加わり、IT（情報テクノロジー）革命が起こる。さらには、そのITにAI（人工知能）がプラスされ、新たな移動体双方向通信のツールとして、スマートフォン（携帯型PCの一形態である高機能電話）が誕生し、生活スタイルが一変する。その登場でそれまでの移動体通信の主流だったモバイルフォン（ケータイ電話）は姿を消し、この新たな情報通信システムは世界中を巻き込み、社会は大きく変容してしまう。

因みに、有線通信や無線通信、ラジオ媒体、テレビ媒体はIT誕生までの前役に過ぎない。そしてさらに近未来には、AIが搭載されたロボット社会を人類は迎えることになる。指示すれば重い荷物は代わりに持ってくれて、GPSの搭載で自ら考えて荷物を移動させる。

主人が出張や旅行の時、行く先まで荷物を運んだり、荷物移動の手配をしてくれたりする。それを可能にするのがAIセクレタリー・サービスだ。今のスマホはすでにその機能がある。それにはスマホに挿入されているSIMカードやマイクロSDカードが重要な鍵となる。

（※SIMカード：第2・5世代通信移動システムでID登録された個人認証のICカード、マイクロSDカード：暗号化や認証技術により情報が機密保護されたICカード）

AIセクレタリー・サービスはスマホや自宅、自動車などではすでに実用化はされていて、毎日時の健康管理（血圧、脈拍、血糖値、脂肪、歩数）、食生活の管理（健康状態に合わせたメニュー）、ホーム設備の管理（戸締まり、照明、エアコン、オーディオ、アロマ、電話受信と連絡、郵便物、録画など）、緊急時の連絡（火災↓119、急患↓病院、盗難・事故↓110または保険会社)、スケジュール管理、冠婚葬祭の情報提供、デートコースやグルメコースの案内、人付き合いのアドバイス、ゲームの相手、話し相手など、まさに至れり尽くせりの生活者補助サービスとなるもので、近いうちにそのサービスは工場や病院、学校などでも採用されるようになるはずだ。

それがロボットでも行われるようになると、ロボットがパーソナルな所有となる。ロボットにはスマートフォンと同じ高機能移動体通信PCが搭載されることになるので、ロボットが個人を認証することで、使用者とロボットが主人と執事的な関係になり、スマホからロボットを操作することもでき、障害者や高齢者の介護補助的メカともなれば、障害者や高齢者は親切な身内を新たに得たことになり、使用者から絶大な支持を受ける。

このスマホと連動するロボットの普及で、人間は自らが「重いモノ」を持つ必要はなくなり、煩わしい肉体作業からも解放される方向に進み、人類は理想の時代を迎えることになる。

このワクワクするような技術的進化の話はまだまだ続くのでずっと話していたいが、とりあえず、このインターネットとロボットを複合した技術開発とその進化によって、労働から解放される社会の状況からすれば、一見、重力問題は解決したように思えるが、残念ながらその行き着くところは×で、このような高度情報技術社会もそう長く続かない。

というのも、意識の重力という根本的な問題が解決されないままの状態にあるからだ。それが解決されない限り、ますます群発し続ける自然界の再生活動を止めさせることや、制御することなどは疎か、真の理想の世界を見ることも、知ることもできず仕舞いになる。その結果、地上界は終焉を迎えることになるだろう。

◎日本の大人社会が抱える問題

一九四五年以降を振り返って日本に目を向けてみると、人々は学校や家庭において、自由主義思想の影響を受けたことで道徳的精神が失われていき、大人のモラルは低下した。

そういう環境下で育った子供たちは当然ながら道徳心というものが欠如する傾向にあり、みんながみんなそうではないが、中には自らを内省する心を持たない子供も出てくる。

そのような子供は、人間に良心というものがあることも知らず、教えられることもない。自分本位に振る舞う子供（自分勝手な子供）が社会に溢れ出ることになってしまうのだ。そんな子供が大人になり、利己的エゴを増長させたまま社会に出てしまうとどうなるか？　その子供は大変な問題に突き当たることになる。人間関係の不調和に苦しむことになる。

時には、気づかぬうちにトラブルに遭遇し、時には、その渦中に巻き込まれもするし、時には、自らトラブルを引き起こす当人になったり、当人にされたりすることさえある。

内省に努めることなく、自らの心を支配する利己的エゴに気づかないままでいると、信じ合える人間関係の構築ができるはずもないし、ますます孤独に追い込まれていく。

その孤独感や不安感などから占いや宗教に救いを求める人も出てくることだろう。それでも信心がありさえすればそこから内省の機会が得られることもあるだろうし、それはそれで一つの道だから何も問題はないが、信心はそっちのけの者の方が大問題だ。

それでいてそういう人間は、救いやご利益だけを求める欲深な面があるので厄介だが、それをいいことに、薄っぺらな占いやいかがわしい宗教が存在するのがもっといけない。世の中には欲の心につけ込むそういう類が後を絶たないから困ったものである。

欲の心はそれ自体に捕まり、欲魔の格好の餌食となってしまう。欲が欲を引き寄せるのだ。でなくても、ご利益ばかり求めていると却って自らの意志を弱めてしまうことにもなる。欲を優先するばかりで、内省することがなければ、たとえそういう占いとか宗教にやられなくても、いずれは何らかの邪悪な連中に操られてしまうことになるのは間違いないだろう。

そんな中、利己的な生活をしていても運良く伴侶と出会い、心に光が射し、家庭を持ち、子供に恵まれ、親の立場になる時もある。ところがそこに新たな問題が立ちはだかる。

親に成りきれない問題だ。わがままな性格がそうさせる。愛することが分からない。子供への接し方も分からない。子供との距離ができ、親としての自信が持てなくなる。何ともいえない孤独感や喪失感に苛まれて、ますます家庭を疎かにするようになる。

そこで何かにすがろうとする者も出てくる。すがる「モノ」を見つけては苛立ちを紛らわす。

しかしそれではいたずらに時が過ぎるだけだ。根本的な問題は何も解決していない。人間は意志を弱めても、理由のない不安に襲われても、そのような方向に向かうもので、こんな不調和な大人が世の中に溢れ出ると、次世代の子供にさらなる悪影響を与えていく。

ところが、今の社会は相も変わらずで、倫理や道徳を置き忘れ偏差値に重きを置く教育界、権威主義に傾いたままの医学界、それと連動するかのように、利益優先主義の経営の下、患者の方を向くことのない医師や医療従事者を是とする病院全般、新薬を増産する薬品会社、有害な科学物質まみれの食品を何食わぬ顔で提供する食品業界、それを届ける流通業界、正義はどこ吹く風やらで国家権力と同化状態の司法、正義よりもお金の味方である法曹界、大国の顔色を窺って右往左往する国政など、どの世界も似たり寄ったりといったところで、もし日本の社会がこのような世界に向かっているとすれば、日本の先行きは見えている。これが現実でない？ことを心から願い祈りたい。

◎人類の手による自然破壊

地球の環境の方に目を向けると、フロンガスによるオゾン層の破壊の問題や、産業活動に伴って排出された温室効果ガスによる地球温暖化の問題などがある。その主な原因は化石燃料を無計画に扱ったことでの二酸化炭素（CO2）の増加にある。

オゾン層の破壊は、その話を耳にしてずいぶん久しいが、その破壊はかなり進んでおり、その影響で私たちの身体は、強い紫外線をダイレクトに浴びてしまっている状況にある。

それによって白内障や視力の低下、失明、さらには免疫力が低下し、ウイルスの感染、そして遺伝子（ＤＮＡ）の損傷から起こる皮膚ガンなどが相次いで発症している。

この話もすでに人々のよく理解しているところだが、二酸化炭素の問題がある、人体に有害とされる自動車の排気ガス（一酸化炭素、二酸化炭素、窒素酸化物を含む）については、排出規制が施行されるようになり、二酸化炭素を排出しない技術開発なども進み、解決方向にあるが、今も世界中の産業関連における二酸化炭素の産出状況にあって、それは先ほども述べたように、主として化石燃料の燃焼にあるが、他の大きな要因の一つに、南米などに見られる大規模な森林破壊（アマゾンの熱帯雨林の六〇％以上が破壊された状況）がある。

それが今日の異常気象を生じ、その産出が続いていることでさらにそれに拍車が掛かり、地球環境はもう以前のような状態には戻れないところまで悪化が進んでいる。そういう訳で、二酸化炭素の削減は人々が思っているほど前には進んでいない。

◎地球には意識があり、再生の意志がある

また、日本の自然環境に目を向けると、ここ数年、大地震、火山噴火、大型台風、そして、今までにない大雨による洪水など、この国は次々と大災害に見舞われている。

私たちの意識が自然界を理解する心にならなければこの現状を回避することは難しいし、自然界との共存の道を選択しなければ、このような災害はさらに続いていくことだろう。

自らを内省せず、良心というものに目を向けない不調和な心をもつ人間は、さまざまなトラブルに会い、自らもトラブルを生じ、心の支えも、生きる目標も失い、自分を失い、自分の身の置き場すらなくしてしまう。そんな人々が世の中に溢れ出す。

そんな中、人のことはそっちのけで自分が助かる道ばかりを祈り求める人が後を絶たない。そんな人々は人生で最後に行き着く安堵の場所も失ってしまうことになるだろう。

人間のこのような調和を欠いた不自然な意識の波動が地上の世界に蔓延し、長い年月に渡って地球の時空に放射され続け、それが滞留すればいったいどうなるか？　原因と結果の法則に照らせば明白だ。今までにない巨大な地震や巨大な噴火が起こり、その被災から逃れるすべはないだろう。南海トラフ大地震が確実にやってくることは、今やすでに常識となっている。

人間のネガティブな感情は毒素を放つことが、医学のラット実験で証明されたように、動物がその影響を受けるなら、植物や鉱物や石、水や海にも同じことが起こるはずだ。

植物や鉱物、それに石、それだけでなく、水や海にも意識があるとされていて、実際に水は情報を記憶し、水と同様に岩や石も情報を記憶する性質があるという。

それからすると、地球自身にも意識があって、情報の伝達も記憶機能もあることになる。地上界を覆う人間の不調和な波動を受け続けてきた地球の自浄作用にも限界があり、その限界を知った地球意識が自然界の再生活動（破壊を伴う）を促した理由もよく分かる。

だから、今になって放出し続けたネガティブな波動が人間の世界に返ってきたのだと思う。そして、その自然界の再生活動が人間の暮らしにネガティブな影響を与え始めている。人間の精神にも、人間関係にも、経済活動にも、ウェブの電子領域にも……。

◎世界はどうなる？

では、世界に目を向けるとどうだろう。日本とは少し違った現象が起こり得る。世界の人々が迎える危機は、今のような産業災害や自然災害に止まらない。これまでに例のない死に至る病原菌が発生し、その病原菌（細菌）が存在するのも事実だ。たとえその感染が一地域の発生であれ、地球規模で拡大してしまうと世界は大混乱に陥る。いわゆるパンデミック・パニックといわれる現象だ。人類の脅威はそれだけではない。

地球規模での致死的病原菌の感染が人類の最も脅威となるのはそれを兵器として使用した場合だ。それは数十年前にＤＮＡ交配によって完成し、すでに細菌兵器として使用されている。そんな天変地異、邪知人災の状況にあって、本来は人々の澪標（みおつくし）となって、それのもとに国家の再建を図っていかなければならないはずの政府ではあるけれども、どこの世界でも不義の政治家はいるもので、彼らの怠慢からそれに対する解決が遅れに遅れ、それどころか、ますます政治の世界の退廃が世界規模で進んで行くことになるだろう。

もし人々が今のままであれば、自然界の再生活動の影響を受け、心身ともに不調和に陥る。むしろ心身ともに不調和な状態に陥るのはそのような政治家の方ではないかと思う。

さて、このような経緯から世界の国々は経済にも運営にも計り知れない大ダメージを受け、国勢が急激に失速する国々もでてくる。それが国内外の経済格差を生じさせる要因となり、国家運営が困難となる国々もでてくる。それらの問題は、一国家一地域のみで解決できない。

とはいえ、これがややこしい話であって、世界の経済には軍事が絡んでくるから問題だ。

今の時代は、世界をとり巻く国家間の関係が、経済面においても、軍事面においても、互いに雁字搦《がんじがら》めの状態になっている状況にあるからどうにも手の施しようがない。

ここ半世紀から今日において、世界各国のメディアにも取り上げられているように、世界各地の民族対立や宗教対立が原因で起きている武力紛争（武器とか爆撃による殺戮）、一国家の領土や領海に対し、一方的な侵犯で勃発する恐れのある国家間の武力衝突、一地域での宗教間の争いだけでなく、イデオロギーの違いから起こる民族紛争の激化、さらに、核の抑止力をもって平和を唱えるという矛盾した先進国の核保有の問題、自国ファーストの提唱でますます右傾化し、独裁化を露呈し出した国家における核保有、それ以上に、核保有を目論み躍起になっている国が核開発を成功させ核保有する問題、核の問題は山積みだ。その問題は私たちの身近にもすでに起こっている。原子力発電だ。

先回の東日本大震災における福島の原発事故で明らかなように、原発事故が一度起これば、核攻撃されたのと似たような状況下に置かれてしまい、甚大な被害を被ることになる。放射能汚染で生命は死の危機に瀕することがチェルノブイリの例を出さなくても、日本でそれが証明されることになった。その事実を世界中の人々が知ったことだろう。

核弾頭を搭載しないミサイルであっても、原発に打ち込まれてしまえば万事休すだ。原発を持つのは核兵器を持つということ、原発保有国は核兵器保有国であるのと何ら変わらない。

そのことをこの日本でいったいどれだけの人が認識してくれているのだろう？

そこで憂慮しなければならないのは、もうすでに核を保有している先進国家であれ、同じく核を保有している独裁国家であれ、今後、核を保有すると考えられる国家であれ、それらの国々がその核の技術や核兵器をテロ組織などに拡散させてしまったとしたら、その核を安易に使用したり、誤操作とか誤作動が起きてしまった場合どうなるか？

たとえそれが被爆を最小限度に止める目的で開発した最新の小型核兵器だったとしても、それらが複合して惨事が起きる可能性もなくはないし、もしそうなったらどうなるか？　その先は間違いなく地獄となる。地獄どころか人類の大半が消滅することもあり得る。

ハテ？　そんな大惨事がいつ起きるのか？　誰に聞いてもその答えは出ないだろう。

利己的国家は利己的人間の集合意識が生み出すものだから何が起こるか分からない。今日の世界の状況からすれば、核戦争が起こる可能性はまったくゼロとはいえず、いずれその時期がやって来ることは、原因と結果の法則に照らし合わせれば明白だ。今の人類の思考パターンからするとそれは避けられないことなのかも知れない。それほど人類は終焉の危機に晒されている状況だ。これは何も大袈裟な話ではない。人類の過去の歴史を振り返って見ればそのことが容易に予測できることだろう。人類の過去はまったく懲りることのない愚かな争いの繰り返しであって、また、それがための兵器開発の歴史であり、惨たらしい殺戮の歴史であった。

戦争による罪なき人々の死、それがもたらす飢餓や疫病、多くの難民、その苦しみ、その悲しみ、そして憎しみ、恐怖の心的障害、そんな感情が人々の生きる意欲を阻み、高次の存在が人間生命に課したる霊性の向上をどれだけ遅らせたことだろう。

核は触れてはならぬ「モノ」。それはまるで自分で自分の首を絞めるようなものだ。核という魔物に触れれば、人間生命の魂は消えて無くなることを知ってほしい。

人類にとってこの先、どれだけ便利で、どれだけ夢のような世界の発展を望もうとも、核に絡む愚かな開発だけは、見て見ぬふりをしてはならないし、容認もしてはいけない。このまま核問題を放置すれば、最終的には世界の崩壊を招く事態となるのだから。

◎世界の背後でうごめく魔の勢力

世界中を窮地に陥れるのは、経済、宗教、イデオロギー、民族の違いを巧みに利用し、戦争を誘発することで軍需を目論む軍産複合体の存在であるが、一般の企業さえもそれだ。自社の利益を優先し、業務上の安全確保を怠ってしまうことで産業災害を引き起こし、それが自然破壊に繋がり、その結果として自然災害を招くことにもなり、そうして、日常に生きている人々をその被害者に追い込み、地球を劣悪な環境にまで陥れてしまう。そのような加害者側に立ってしまった哀れな企業も今日では数多く見受けられる。実際、人々の暮らしを守るよりも自社利益を優先する企業が存在するのを耳にしている。霊性の成熟しきれないままの人間が経営の立場につけばそんな結果を招くことになる。

驚いたことに、そういうブラック企業の利己的行為を裏で操る魔の勢力が存在するのだ。その勢力に操られ、卑劣で暴力的な作業に手を貸す邪な族が存在するのも事実だ。さらに問題なのは、そんな魔の勢力が強い影響力を及ぼす国家も存在することである。

そういう国家は自国の利益だけを優先するので、よく観察していればすぐに分かる。どの企業であれ、国家であれ、魔の力がトップに及べば恐怖に呪縛されてしまうので、そうなってしまうと、人々の幸福を考えたり、人々の暮らしの利益を優先したり、広い視野で世界を俯瞰したり、地球の未来を建設的思考で捉えたりするのは困難となり、ますます闇の力に取り込まれていき、世界は堕落の一途を辿ることになってしまう。

そうなれば神霊界は、人間界との約束事の解消に余儀なく踏み切ることになるだろう。

とはいえ、そんな暗い話ばかりではなく別の道もあって、そうなるとは限らない。人類はネガティブな作用をポジティブな作用に変換することにも成功しているからだ。

過去に起こしてしまった負の悲劇を背負い、また、その連鎖の歴史を経験しながら、不本意とはいえ、核の抑止力という方法をもって何とか平和が維持できている現在、過去に開発された負の科学技術であったものが、私たちの暮らしにも転化、応用され、今日に見られるような高度な文明をもたらしたのも事実で、原子力発電は別として、コンピュータや衛星通信、PDA（携帯情報端末：Personal Digital Assistant）とその関連にある、モバイルフォン（ケータイ電話やスマートフォン）など、GPS（位置情報の感知システム）など、それらのツールはもう今では人々の生活には欠かせない「モノ」となっている。

先ほど述べた原発を始め、マイクロ波を使用するモバイルフォンも安全とはいえず、それらに囲まれた暮らしは確かに私たちの生活スタイルを豊かにしてくれてはいるが、このままでいいはずもなく、それらにまつわる安全上の問題は解決を急がねばならないだろう。

しかし、はっきりいえることは、自然界と共存してこの世界を生かすか、それとも、人間の身勝手なまま自然界を壊し続けてすべての生命の住めない世界にしてしまうのか？　この問題は私たちそれぞれに決定権があり、その心のあり方に委ねられている。私たち人類が自然界に対して犯したさまざまな原因で地球の再生活動が始まって以来、世界崩壊のタイムリミットはもうそこまで、刻々と近づいているのだから……。

人は一人で生きるのは難しい。真の孤独は存在しない。
人はどこにいようと、何をしていようと人に生かされ、
人以外の何かに生かされている。それは目には見えぬ愛だ。
それが天の計らいと覚ったとき、人は変り、生かす者となる。
そうしてその命は愛の光の中に生き、魂と共に生きる。

解説の九　愛の光の中で生きる真の生命

【神託】1－23

ただ日々の中にありて　人を慈しみ　人を大事にし
人を生かし　おのも喜びて生かされ
大いなる和をもちて暮らしておるもの　そのままが神の姿なり
神はその姿をたからかに誉め愛しむ
その姿こそ光りて生きることぞ

この愛と慈しみに満ちた活命のエネルギー、それこそが日本の霊性であり、それを遡るとそこに大和の霊性があり、その根本に伊勢の仕組みがあります。古よりのアマテラス（天照）とトヨウケ（豊受）の神仕組みである訳です。その活命の波動を天の真名井に湛えられている「愛《マナ》の氣」といいます。

このようなことから、ここに説かれた**《光の種　土にまくぞ》**の「播《ま》く」というのは、この「愛氣《あいき》」を人々の心身に放つことを意味するのかも知れません。

「愛氣《あいき》」は魂の光が放つ生命力活性の波動、エネルギーなのです。

生命の本質は霊であり、その実体は生命の本源である霊的な光であって、これを魂の光といっていますが、その光は高位の意識そのものです。

「みおつくし」という言葉があります。これを漢字では「澪標」と書きます。澪標とは、川の河口域に開かれた港において、土砂の堆積などで水深が浅くなり、船の航行が困難になる水路が出てくることから、船の座礁を回避するために、水深の深い航路を指し示すために設置された澪木《みおぎ》のことをいいます。そこで、これを捩《もじ》って、その意味合いも重ねた言葉が「みをつくし」です。

この場合の「みをつくし」は「身を尽くし」です。この言葉には両面があります。人との徳の関係を築きながら、自らの人間性を深めていくように努めることの意味、そして、そうある者には神（守護霊）が何事もなく導いてくださるという意味です。この両面において、災難に合わず、無事に自らの生命を全うすることをいいます。

それを可能にするのは自分の努力を含めて、自分を日々守ってくれている神の存在、表現を変えれば、守護霊の存在です。

常日頃から周囲の人々に対して親切な心遣いをし、身を尽くして接していれば、神（守護霊）はその姿を見て、その人間の人生における澪標となってくれるのです。

【神託】1-24

人の悲しみを見て　その悲しむ心を光で包みてくだされや
人の怒りに会いて　その怒る心を光で包みてくだされや
人の苦しみを見て　その苦しき心を光で包みてくだされや
人の喜びを見て　その喜び心を光で包みてくだされや

1-25

人の哀れを見て　その哀れなる心を光で包みてくだされや
人の世のはかなき（流転輪廻）を見て
そのはかなき世をおのが光で照らしつくしてくだされや

この一節の解釈はこれまで説明してきたように魂の光の放射の実践です。自らの魂の光で目の前のすべての現象を包み込んでいく行為を説いています。それが不幸な出来事、災難であったならそれを回避することになるでしょうし、吉祥事であれば、それをさらに祝福することに繋がっていきます。

この行為による良果はそれだけに止まらず、良因が無限に伝播していくことです。なので、世界に平和が訪れることを願い、世界の人々が幸福に至ることを願うなら、躊躇することなくこの魂の光で対象を包容する実践に努めてほしいと思います。自分の心の中で行うことですから、人目を気にすることなど必要ありませんし、また人から良い評価を得るための行為でもありませんから、地味な行為ですが、高次元に向けての積み立て貯金にはなるはずです。この行為を陰徳といいます。

この星の心を愛しむ者は魂が清らかである。
人の身は大地から生まれ、
精神は天空からもたらされる。
地上界で命を完全燃焼させようと努める者に、
内なる魂の光を照らし与えようとする心は尊い。
その行いは天の望み、神聖太陽の心である。
夜に代わり天空を照らしだす朝日のごとく
悟りし者の心である。

解説の十　光を放つ者が迎える霊的覚醒

【神託】１－26

この星の心を愛しむ心ぞ　くにつかみ　国照《クニテル》の心となな
この星の生きとし生くる者
おのが光で照らす心ぞ　あまつかみ　天照《アマテル》となな
にぎにぎしく照り昇る朝日の心ぞ
にぎはやひとな　これ悟りの心ぞ

この天照国照とニギハヤヒ（饒速日命）の関係についての記述があります。

〈解説の三〉の【補足】で、丹後一之宮（宮津）元伊勢・籠神社の祝部《はふりべ》家である、海部氏の勘注系図に始祖「天照国照彦天火明櫛玉饒速日命」として記されています。

これを「アマテルクニテルヒコアメノホアカリクシタマニギハヤヒノミコト」と読み、このフルネームを見て、この二つの関係が一つの神名であるのが分かったのです。

摂津や奈良の地に乱立していた各諸族を初めて一つにまとめたのがこの御方で、真の初代の大和の大王でもありました。正史には真実が記されていませんが。

とはいえ、この神名は、それを比喩で伝えようとしているようです。

籠神社

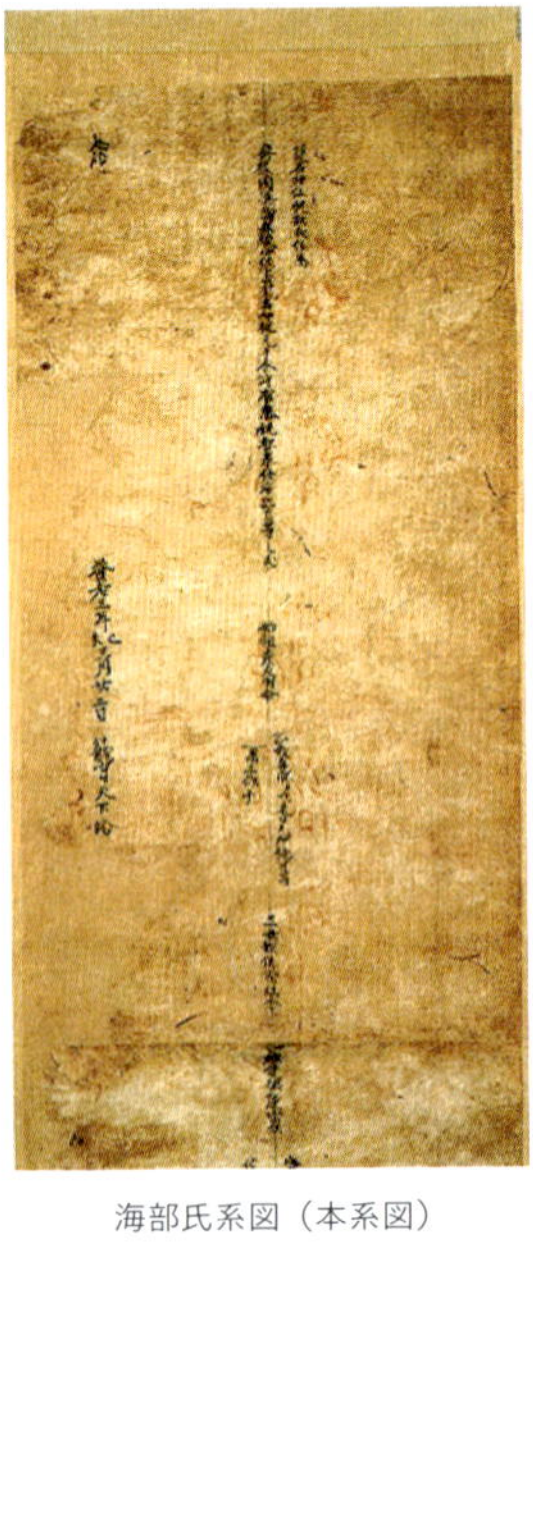

海部氏系図（本系図）

また、この一節には色々な意味が込められているようで、そしてどういう訳か？この一節だけはわざとそういう風にしてあるようで解釈に苦心するところがあり、だからこそ、そういう方法で私たちを諭そうとしているのかも知れません。

この一節は、今の日本人にとって「和の心」を知る良き機会となるようですので、難しくはありましたが、私なりの思いもあってこの一節の解読に努めてみました。

思うにこの一節は、人間の内なる聖域の魂の働きを説いているのではないか？と……。


【補足】

この一節での、天照も、国照も、饒速日もすべて太陽の光を表す名であることです。実際には、この櫛《クシ》と玉《タマ》の間に甕《ミカ》という文字が入るのが正しく、「櫛甕玉《クシミカタマ》」とするのですが、どういう訳かそこのところが省かれています。

「櫛甕玉」は三種神器の象徴であり、日ノ神（太陽神霊）の皇位継承者を意味します。

それは、「日嗣《ひつぎ》ノ皇統《こうとう》」を表す神人合一の象徴としての隠語であって、それは現人神《あらひとがみ》（皇子が天皇として神人化すること）となる秘儀でありました。

これについての詳しい解説はこの書の目的ではないので、これについての詳細は、前著書

『イナリコード〈第一巻〉』に書かれた内容を一読して頂ければと思います。

第一巻は出版済みで、第二巻（二〇一九年秋出版）、第三巻（二〇二〇年春出版）の予定です。


人は誰でもその内なるところ（自分の内面）に純粋なる意識を持っています。それは宇宙の高次元の通路となる澄み切った美しい玄妙なる意識です。

この純粋な意識は宇宙の大いなる存在であるところの神聖意識から分離され、この現界（三次元物質界）に現れて活動するようになった固有の意識です。

その意識は発光している繭《まゆ》のような球体をしたものとされています。この球体は古より「魂《たましい》（古語でタマシヒ）」と呼ばれていました。


そこで一行目ですが、くにつかみ、国照とは何でしょう？　この言い回しからすると、この惑星の夢見を愛し慈しむ精神的存在で、古に大地に降りたる霊性。

古代の人々は慈愛の波動で大地を包み込むその霊性を「地祇《クニツカミ》」と喩え、この惑星の魂と同化し、深く理解する意味を感じたのでしょう。そして、その地球の意識と通じる霊性を「国照《クニテル》の心」と捉えたのです。

続いて二行目、あまつかみ、天照とは何でしょう？　続いて思うに、この惑星の生命に愛の光を放つ精神的存在で、天空に待機したる霊性。

古よりこの惑星を守護してきたその霊性を「天神《アマツカミ》」と喩えます。古代の人々はその意志と共に生き、その光の力を享受していたのでしょう。その天霊の意識と通じる霊性を「天照《アマテル》の心」と捉えました。

水平線から賑々しく照り昇る朝日のような輝きを放射する高次の存在が、人類の和合を夢見て、その霊光で人々の内面を照らし、地上に現れます。それは人類に覚醒をもたらすためにですが、しかしそれは人間の姿ではなく、内なる光の存在としてこの地上界に降りてくるのだろうと思います。その霊性、霊的意識がいよいよこの地上界に現れることを示唆しています。

つまり天照とは、「人間の内なる世界を天界の光で照らし尽くす霊性」、その霊性こそが天照《アマテル》御魂《ミタマ》の本質ではないかと思います。水平線から賑々しく照り昇る朝日、闇を退け、世界を遍く照らす朝の太陽、それを象徴する名が『ニギハヤヒ』であり、その名は「悟り」を意味しています。

国照とは、「自らに内在する魂の霊的な光を外の世界に放ち続ける霊性」、その使命にある者、その姿が国照御魂《クニテルミタマ》の本質なのでしょう。

この一節は、天照の霊性の働きと国照の霊性の働きを例に上げながら、人類が魂の覚醒を迎える時代の到来を私たちに告げているように思います。

因みに、その「ニギハヤヒ」の名に「ミコト（命、尊）」を付けると、「悟りに至った尊き者」という意味になります。

この星の花鳥風月の織りなす、その美しく麗しい世界をこよなく愛し、この星を、この日本を、高位の次元から守ってくれているその聖なる霊性は、もうあまり時間の残されていない状況にあるこの地上界の生命を憂いて、後に続く新たな生命に対し、魂の目覚めが一日も早く訪れることを真に祈り、それを深く認識して行動する人が、生き残る人類の先達《せんだつ》となってくれるよう、後に続く人々と共に歩んでくれるよう、そう促しているものと思います。

この世の真実の姿は美しい。
天地自然にあるものすべてが旋律を奏でている。
真実の世界は光に溢れていて実に美しい。

そう、この世の真実の姿は光の世界。
そして、この世の美しき光の世界は生命の根元。

その生命の根元は聖なる霊的時空に通じている。
この世の美しきその世界、その実体は五次元にある。
というか、その世界はこの世と同時空にある。
その理を知れば、心に描くだけで魂はそこに……。

【補足】

この内容には遥か古代の神々の出来事を例えにしながら、惑星においては意識があることを示唆しているのではないかと思いますし、惑星とは地球のことですが、地球以外の惑星においても同じだろうと思います。

霊的宇宙から全生命に光を与える光の霊性、それが天照御魂《アマテルミタマ》です。アマテルミタマ、ミコトとしてのホアカリの世界は、今もその理想の姿として、光の天球である天つ日（太陽）の神霊界や明星（金星）の神霊界にも存在しています。

遥か古より「天火明《アメノホアカリ》」という宇宙の霊光を象徴するような神の御魂、そして「天《アマ》つ甕星《ミカボシ》」と歌われた天体、明星（金星）の御魂です。太陽神霊の分魂《ワケミタマ》であり、金星の霊でもあるアマテルミタマは、天つ日（太陽神霊）の霊命を受けて明星に天降り、そこに金星神霊界を設けました。後に、日下《ひのもと》の国と命名される霊命の理想世界を明星（金星）に創造されたのです。

次に、ミタマは月に下向し、その星を地球の生命界の観察拠点としました。なぜ月なのかというと、月は地球の諸々の次元に通じる霊的入口となっていて、さらには、他の惑星次元との霊的な門にもなっている天体だからです。

後にミタマは月から地球に降り立ちました（※因みにヘブル人にはヨシュアと呼ばれました）。

そして、ミタマはこの地球を愛され、何より人間をこよなく愛されました。

ミタマは天上に照り輝く太陽のように、希望の光を人々の頭上に降り注ぎ、その慈愛の光を人々に平等に与えられたのでアマテルミタマ（天照御魂）と呼ばれ、金星の愛の光をもって地上界に息づくすべての命を大切に守り育てられたので、クニテルミタマ（国照御魂）と呼ばれたのでした。

かつて地上界に降りて大王として人生を送ったニギハヤヒノミコトはこの星（地球）をこよなく愛しました。故あって、ミコトが伊勢の伊佐和《いさわ》の地に立ち寄ったとき、魂の目覚めを覚えました。「目覚めし朝の太陽」の尊名をもつミコトは、やがて大和の地へと入り、その透徹した眼と精神をもって大和の地を治めたのでした。

そして後世、「厩戸豊聡耳命《ウマヤドノトヨトミミノミコト》」として転生されたのです。

ここからは「夢殿」の中での夢見の話です。

アマテルミタマは、古代エジプトにおいては太陽神ラーの名で呼ばれ、古代シリアにおいては太陽神ミトラと呼ばれ、それがミトラスともなるのですが、さらに、それがインドの地に伝えられてからはマイトレーヤと呼ばれ、東洋に伝えられてからはミロク（弥勒菩薩）という名で呼ばれるようになりました。

その後、アマテルミタマはミロクの姿となって逆輸入されるのです。

アマテルミタマは和語ですがミコトの名を指すものではありません。霊宇宙においては光の霊性を象徴する日本的呼称なのです。

宇宙創成の玄理を覚ったことで、
自らの宇宙の創造者となる者が現れだす。
そしてその者らは自らの宇宙の主となる
太陽神霊界の使命を預かった高位の存在は、
金星界からこの星に向けて使者を送る。
その使者の中から一人の光の教師が現れる。
その導きの光によって人々は魂の言葉に目覚め、
世界の時空に向けて言霊を発動していく。

解説の十一　預言者が次々と現れる人類の目覚めの時代

【神託】1－27

すめらみことが出る世ぞ
みこともちはあちらこちらで出てくるぞ
それぞれを大たばねするお方が　すめらみこと
悟られしものが　みことをのるぞ
世の中のあちらこちらでみことのりがはじまりておる

人類の種人《たねびと》となった原初の尊い御魂が再び現れる時代を迎えます。その御魂と繋がり、その真理の言葉を授かる人々が至るところに出てきます。そして、その言葉を放つ人々の光網の中心において光明を放つ御方がその御魂なのです。また、意識の霊的覚醒を迎えた者がその御魂の真理の言葉を発することになります。いや、もうすでに世界のあらゆるところでその言葉の発動が始まっているのです。

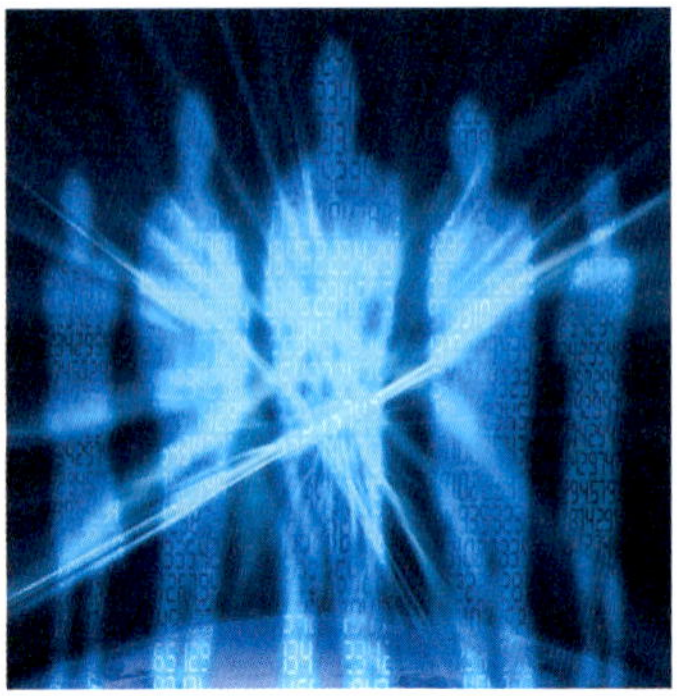

このようなことを伝えているように思いますが、言葉を換えていうなら、「高次（神）の光の言葉を放つ原初の高位なる存在」が復活する時代がやってきて、それを機に、その光の言葉の代弁者が続々と現れてくると説いているようです。

また言い換えれば、これからの時代は、心の眼を養い、人の正否を見分ける目、神と通じ、正しい判断のできる透徹した頭脳と眼力と言葉を持つ者が現れてくる。

あるいは、そのような能力を練り上げていくことが大切だといっているようです。

一方で、生まれながらにして純粋で透徹した心の眼をもった人々も現れると……。生まれながらに聖なる魂をもった人々がいて、また徐々に現れてくるのでしょうが、そのような人物を観察していると、いつも言葉を大切にしているのが分かります。その声には透明感や安らぎを感じ、話す言葉や音質には心地よいリズムがあり、心は寛容で、態度に謙虚さが見られ、穏やかな会話の下で物事を運ぶ様子が窺え、何よりもチームワークを大切にしている様子が見てとれます。

とはいっても、時には驚くような大胆かつ奇抜な行動を見せることもあります。それはおそらく閃《ひらめ》き（インスピレーション）によるものでしょう。そのような人は、日々の努力の積み重ねを大切にしていることのうえに、閃き（インスピレーション）というものに重点を置いているようです。

そうあるのは、その人が宇宙の親和力の玄理をよく理解しているのでしょうし、先天的かも知れませんが、どちらにしても、その閃きを大事にしており、それを社会における自らの行動と選択に生かしているのです。

それはともかく、高次の真理の言葉を放つ代弁者が次々登場してくるようです。

霊の元の黄泉返りとなる日がくる。
魂の光を発すると、その光で自らが包み込まれる。
魂の光で世の中の出来事、周囲の人々を包み込むと、
社会に調和がもたらされる。

解説の十二　本主への霊魂の帰還

【神託】1-28

大和のひのもと（霊の元）の黄泉《よみ》返りぞ　世の中大きく変わるぞ

　ここにいう「ひのもと」とは「霊《ヒ》の元《モト》」という意味です。

　日本の古い言葉をお知りになっている人が「ヒノモト」という言葉を聞くと、すぐに「日《ヒ》の本《モト》」という文字が頭に浮かぶのではないかと思います。

　黒田節にもその一節に「日《ヒ》の本《モト》一の……」と謳われているように、日本のことをかつては「日《ヒ》の本《モト》」と呼んでいたことがありました。

　その用例として、言葉のことを古くは「言《コト》の葉《ハ》」と呼んだようにです。

　しかし問題なのは、その「日の本」の方ではなく、この「霊の元」の方です。

では、こちらの「霊の元」というのはどう解釈すればいいのでしょうか？ 今の時代だからこそ、この「霊の元」は「霊性の根元」と解釈すべきでしょう。

また、ここでの「大和《やまと》」とは「古き良き日本」といったニュアンスで、それを「大和心《やまとごころ》」と捉えもできますし、聖徳太子的な説明なら、「大いなる和の精神」、「大調和」といった感じになるのかも知れません。

秘教霊学的にいえば「日本の古き大いなる霊性」という解釈になります。イナリ秘教ではこの「霊の元《ヒモト》」を霊的観点から説いています。「生命が本来あるべき世界、生命の本質であるところの神聖なる霊域」と。

次の「黄泉返り《よみがえり》」ですが、これは「命の蘇り」を意味しており、これを「蘇命《そみょう》」ともいいますが、すなわち「蘇生」を指します。黄泉《よみ》とは日本の古い言葉で「あの世」のことです。つまり「死後の世界からの帰還」を表しているものと解釈できます。

そこで、**《大和のひのもとの黄泉返り》**をその視点で紐解いてみると、「日本の古き良き、大いなる和の精神がもう死んだように見えていたが、それが再び息を吹き返すことになる」というふうにも思えます。

それはその視点で正しい解釈でしょうし、そうあるべきだと思いますが、ここで秘教霊学に戻して、この一節をもう少し深く掘り下げてみると、この「霊の元」というのは「霊性の根元」と解釈することもできます。

「霊性の根元」とは「人間生命の起源」のことですが、それはどこでしょう?

それは「人間生命の本質の世界」であり、「人間生命の始原領域」であって、言い換えれば、「魂の本来あるべき光の領域」、「意識の第五振動密度領域」、イナリ秘教にいう「イノチ（命）のイ（五）の霊域」、いわゆる「五次元」です。

「霊の元」こと「霊性の根元」は、実は「五次元」にあったのです。

そのようなことからこの「霊の元の黄泉返り」という言葉を紐解くと、一つは、「霊的世界の復活によって、魂に本来の霊性が戻ってくる」ことであり、一つは、「人間は本来の霊的生命に戻る」、言い換えれば「魂の次元に帰還する」」、「人間は自らの生命の本質の世界に還り往く」ということが分かります。

それは、霊命が物質界の生命として誕生した三次元（意識の第三振動密度）から、その霊命の第一層である五次元（意識の第五振動密度）に移行することをいいます。

また、人間の意識がその五次元意識（生命の本質の世界）に目覚めること、それがつまり、「霊《ヒ》の元《モト》の黄泉返り」ということなのです。これは悟りの道でもあります。

いよいよ人間本来の生命の本質が目覚める時代がそこまで来ています。だからこそ常に心の中を魂本来の光で満しておくことが大切になります。

もし不幸な現象を目の前にとらえたら、それに意識の焦点を合わさず、すぐにその対象を魂の光（自らの光の意識）で包み込んでしまう重要性を説いています。実はこれが次元移動に有効な鍵となるのです。

高位の存在は人間に閃きを与え給う。
光の放射を伴う旋律で人間に叡智を授け給う。

祈りは深い信頼のおける義の教師であり、
心身に奇跡を起こす施療師でもある。
人生の方向を正しく指し示す船頭であり、
人生の夢を叶える光の魔術師でもある。

人間が祈りをするのはなぜか？
人間は本来、この三次元の存在ではないからだ。
人間は高次の存在といつでも通じ合える。
深い祈りさえあれば……。

解説の十三　祈りは命に光を取り戻す救済力

【神託】1-16
頭は人の世のものさし　ひらめきは神の心

2-2
祭る御しるしは柱である　祈る心根こそ神は見届ける
神の氣の降りるところは　人の心の氣にぞありける

2-3
神の柱は人の心の中に立つものぞ
人の体はみやしろ（宮代＝神の御社・神の御魂代）じゃ

閃きは霊感のなせるところです。それが深い祈りによってもたらされます。柱は神の依り代となります。柱が神の降下する的となるのです。神の数を一柱、二柱と数えるのはそこからきています。神が姿を現すとき、天空から光の柱が伸び、その光の柱の中から現れます。

神の光は人の愛の量を計り、愛の心を的として降りてきます。神が地上界の生命に活力を与えるとき、その光は氣の波動ともなり、神の氣は人の信の深さを目がけて、それを的として降りてきます。

その的に神の光が降り、神の氣が降りられ、そこに光の御柱が立ちます。そこに天と地を橋渡しするように光の御柱が立ち、天地を貫きます。

人の体は微振動を伴い、その光の御柱の中に誘われていきます。

人の魂の光はその光の御柱に沿うように、天と地の間を往き交います。

人の魂の救いはその光の御柱の為せる業なのです。

私たちは神の光を迎え入れるうえで、また、それが為される日まで、日々身を浄め、心を清《すが》しく、魂を澄み切らせておくことです。
澄み切らせていると、内なる魂の光が解き放たれ、その時期を迎えます。

そのとき、魂の光は外の世界の周囲に放射されると同時に、体の中心軸ともなる脊柱（背骨）を仙骨から頭頂にかけて貫きます。それを見ると、光の柱自身が天に向かって伸びて上昇していくようです。

自らの意識が神の光に満たされたとき、そのような状態になります。人はその思わぬことが起きたことに驚き、戸惑い、不安に襲われます、そこで思います。自分の体はどうなってしまうのだろうと。しかしそのような心境もあっという間に解決にいたります。なぜなら、その魂の守護にあたっている光の御使い（高次霊＝天使）が、何事もないよう、その魂を高位の光の世界に導いてくれるからです。

あるいは、光の領域に誘うために現れたその御使いの光の手を、その魂自身が掴み、その手に自らの身を委ねることにしたからです。

その世界、その領域に入ると、そこには極彩美の風景が広がっていて、眩いほどに光り輝く時空が目の前に展開されていることに感動します。このような体験をする人がこれから先、増えてくるはずです。

心身を清浄にしておくことで、私たちの体の中に神の光の柱が立ち、そこが神の御社《みやしろ》となります。祈りはそれに備えるためのものです。

手を合わせるとは、自らの内なる中心に精神を統一し、心身を愛と調和の波動で満たし、その神の光を招くことです。

深い祈りに入りきると、自らの内なる中心に神の光の柱が立ちます。これをわが国では御柱立《みはしらだて》（神柱立）と呼んできました。この状態にあれば高次元の世界と行き交うことができるのです。

この光の柱の玄理を用いれば多重界（多次元宇宙）との交流もできるのです。この光の柱の中に立つことを、天八衢《アメノヤチマタ》に立つといいます。

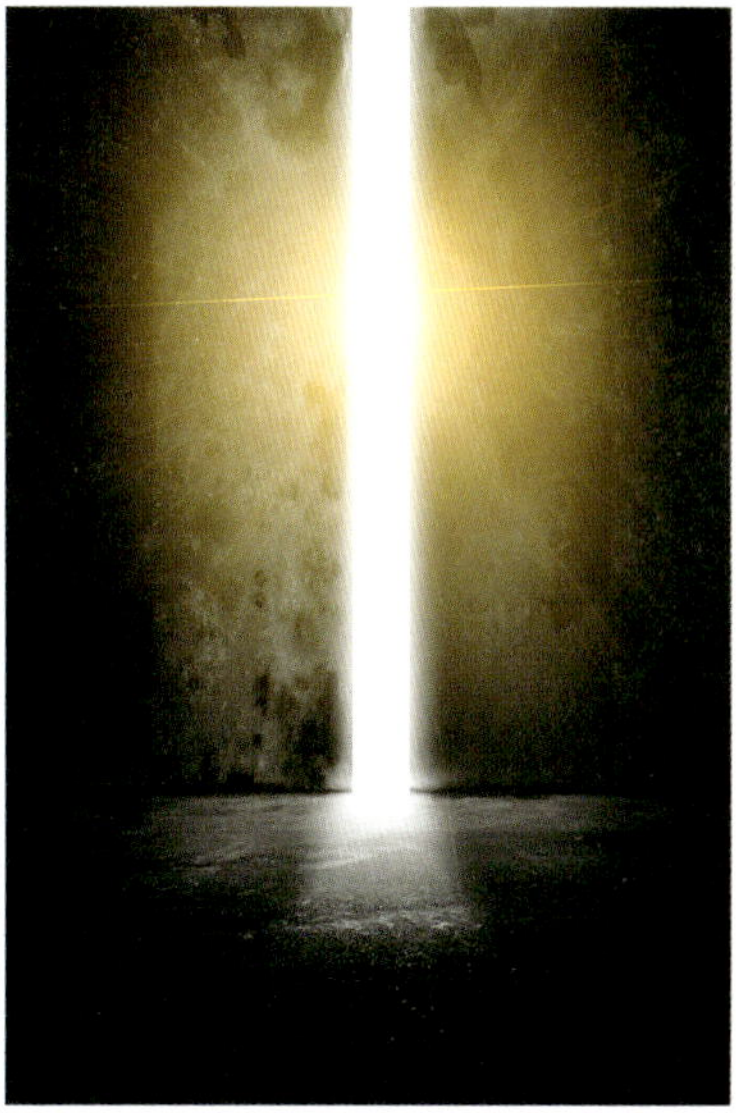

神道において、天八衢に立つ神はサルタヒコ（猿田彦命）としていますが、深い祈りの中でサルタヒコのように内なる中心に光の柱を立てることができれば、私たち

も神々の天八衢に通じる世界を訪ねることができるかも知れないのです。

そのような慶びの日を迎えられる生命は苦難に遭ってもいつも明るく、前向きな心で、創造的思考を働かせながら乗り越える魂であるに違いなく、そのような日が迎えられる、いや、与えられることになるであろう生命はいつも光の御使いのその輝く霊衣（オーラ）に包まれていることと思います。

明るい意識にあるというのは決して概念的な話をしているのではなく、物理的事実として、内なる領域から外の周囲へ光を放っている人をいいます。

澄み切った意識にあれば、清まった高次の霊が引き寄せられてきます。宇宙はそのような相応の理（今日では引き寄せの法則と呼ばれている）のもとにあり、この地上界に内なる光を放つ人々、その聖なる行いをする魂のもとには、清浄をもたらす聖なる波動、聖なる愛の力をもたらす高次元の霊性が、光の姿をもって、その守護者となって、実際に降りてくるのです。宇宙はそういう約束事になっています。

【神託】2-4

奉る心もちて真直ぐに立つとき

そのままがみやしろとなる

2-5
手を合わせるぞ　神と人の心はひとつとなる

《奉る心》とは、「天と地の和合を自らの身をもって体現する」ことをいいます。
それはまた、「自らの内なる領域に光の御柱を立てる」という意味と同じです。

言い換えれば、「心身（陰陽）を統一状態におく」ということでもあり、また言い換えれば、「内なる中心に意識を統一する」ということでもあります。

その状態にある時、もしくはその状態になるためには顎を引き、仙骨を立て、背筋を伸ばし、天地の氣を腹部の丹田に呼吸をもってしっかり納めることです。

そのようにすると、場の空気が凛《りん》とし、時空が聖《きよ》く澄み切った状態になります。このように時空が聖く澄み切った状態を「素我《すが》（清《すが》）」といいます。すると、自らの心身そのものが神（高次元の霊性）の宮となり、神の社となるのです。

自らの心身が神の宮、社であることを観想して、静かに両手を合わせます。その時、自分の心身が神の存在の中にあるのを体感することになるといいます。

【補足】

ここでサルタヒコについて少しお話ししたいと思います。

この「土公みことのり」と題した神託は、「はじめに」に詳しく述べたように、鈴鹿山の麓にある椿大神社《つばきおおかみやしろ》を訪ねたときに、サルタヒコ（猿田彦命）の墳墓といわれている神陵の前で授かったものです。

また話が重複しますが、京都伏見の稲荷山で遭遇したときから私の師となった白翁老が、稲荷山の三柱の一柱であるサルタヒコと神縁で結ばれていることから、私とサルタヒコとの縁は特異な関係で繋がっているように思います。

そもそもサルタヒコは出雲の加賀の潜戸《くけど》で生まれた出雲の神です。

岐神《くなとのかみ》（久那斗乃神）ともいいますが、この岐《クナト》とは国乃戸《くにのと》、つまり、国の戸口、国の出入口、または国の先端部分、もしくはトを斗と捉えれば、斗は北斗の斗であり、中心にあって整えることを指しますから、国の真ん中という意味であって、国の中心に立って国の安全を守護する神を指します。

クナトの岐はマタとも読みますが、チマタとも読み、衢とも記されます。

サルタヒコは八衢神（八岐神：ヤチマタガミ、数多くのチマタを指す）の神ともいって、あらゆる世界に通じる境界線の真ん中（天地の中心という意味でもある）に立ち、それらの世界の道案内をする神とされています。

わが国の古文書の古事記には、「上光高天原。下光葦原中國之神」と記されているように、その姿から原初の太陽神ともされ、時に月神の御子ともされ、国底立尊《クニソコタチノミコト》という名ももっていて、それが地底の神を表すものであり、海上の道先案内をする塩土老翁《シオツチノヲヂ》という海神（綿津見《ワタツミノ》神《カミ》）、つまり、龍王であること、また、その龍神の働きである天地の氣を支配することから、氣の神ともされていることなど、実に数多くの名をもつ神とされています。

その「上光高天原。下光葦原中國之神」ですが、この一文は、「上は高天原（天上界）を照らし、下は葦原中津国（地上界）を照らす神」という意味で、このように、天上天下のすべての世界に光を当てる神であり、あらゆる世界に通じ、そのそれぞれの世界へ道案内する神がサルタヒコである訳です。

それが八衢（八岐：ヤチマタ）の神、道饗《みちあえ》の神、道の先導の神ともする所以です。天は目に見えない霊的な世界、地は目に見える物質界を指し、いずれの世界も遍く照らす神としているのです。

量子物理学では、物質に対して反物質が存在するとされていますが、この反物質を言い換えるなら霊質ということになります。そこで、私たちの住むこの世界が物質の世界であることから推察すれば、反物質の世界もまた存在することになります。

因みに、反物質とよく似た言葉に半物質があります。この半物質というのは亜霊界の存在、つまり、幽界に存在する物質と霊質の中間にあたる存在を表すものです。

サルタヒコ（猿田彦命）はこの世に存在したときも道先案内の御役をされており、この世を去った後も、亜霊界（幽界）においても霊界においても、道先案内の御役をされている神であることが分かります。

社にただ仕えるだけの者は愚かである。
魂の祈りにあるところこそが重要なのだ。
神氣の降りる白庭は人の心の中にこそあり、
人の心の的、魂こそが進化の鍵となる。
神を祭る御柱、神氣の降り立つ霊標《みおつくし》、
それは魂、高次元への門《ゲート》である。

解説の十四　人体は神の魂が降り坐す肉の社

【神託】2－1

これよりの世は社はいらぬぞ　社あるから物入りじゃ
金のかからぬ世となるから　物もてば苦しむぞ
社に仕えるものおろかなる　祈る心とぞ重きなること
人の心の氣　集まりて澄み切りてこそ神の白庭《しろにわ》となる

2－3

神の柱は人の心の中に立つものぞ
人の体はみやしろ（宮代＝神の御社・神の御魂代）じゃ

2-4 奉る心もちて真直ぐに立つとき　そのままがみやしろとなる

2-5 手を合わせるぞ　神と人の心はひとつとなる

ここにいう社とは何でしょう？　神仏を奉る神社や仏閣のことでしょうか？　それとも会社の社屋のことなのか、私たちの家屋のことなのか？　いずれにしても、社殿はもとより、社屋や家屋を建てるとなるとそれ相応の費用が掛かるものです。そこで、そもそも社とは何であったのかを考え、調べもしました。

神仏に仕え奉り、神仏の体である天地、宇宙、大自然と共にある生き方、まずそこから始まり、迷える心をもつ者がいればその迷いの元を是正し、悔いなき生き方を説き、人生の悲苦にある者がいれば魂の力で癒しを施し、希望を捨てることは天から授かった命を見捨てるのと同じなのだと諭し、心の障害にある者がいれば神仏の心に寄り添い、その者の心に精神を集中し、それが霊的障害であることが分かれば、その霊との対話をもって昇天に導く。

そして未来への指針を示す。それが僧侶の務め、神主の務めではないかと。

もちろんそれは理想でしょうが、しかし、それが神仏に仕える者の本分であり、使命でもあると思うのです。ところが、その本分、使命を果すことなく、観光仏教や伝統祭儀だけに終始しているような神社の神主や仏閣の僧侶では、やがて到来する大事の前にして無力な人間となるでしょう。

高位の次元に通じる祈りの心を持つことが最も重要であるといっています。しかも現代人は真の祈りというものをどこかに置き忘れてしまったようです。

意識を統一し、自らの内なるところ、内なる宇宙に深く入っていくという作法、これは日本において、古《いにしえ》より今に伝えられてきた祈りのあり方です。それが宇宙の真理に通じる唯一の道であり、これこそが霊的秘儀であることを、古の賢者は熟知していました。それの熟知は宗教者であればなおさらです。その祈りの中に、神氣、神の力、聖なる霊氣が降りてくることを知るべきです。祈る心にこそ、大いなる宇宙の愛の働きと英知とエネルギーが湧出するのです。

そこでまず私たちがすべきことは祈りのパワーを信じるところからです。祈りがチカラを持つものである事実を強く信念することです。

祈りとは真理をもたらす奇跡の力であることをぜひ知ってほしいと思います。真理は宇宙大自然のパワーという従者を伴ってやってくるのですから……。

そこで神託にある「白庭《しろにわ》」という言葉が何か鍵を握っているように思います。白庭とは、「神霊界から神が降臨されて坐します清《すが》しき聖所」という意味です。すなわち「真澄みの神庭」です。転じて、「純粋な心の状態」を意味します。

もう今ではすっかり過去の出来事となってしまいましたが、忘れられない事件です。それは、世界中を大不況に巻き込んでしまったアメリカのサブプライムローン問題です。住宅ローンを組んでいた人々はその返済ができなくなり、大問題となりました。**《物を持てば苦しむ》**とはそれを象徴したものといえるのではないでしょうか？　ここから、世界中の人々の生活を今日まで苦しめることに繋がっていったのです。

この一節は、これからの世界は貨幣価値の崩壊する時代へと突入していき、物質的価値の何もかもが次々に崩れていくことを暗示しています。物の価値が低下し、今ではすでにどんな物でも安値で買える時代になっています。

それでも人々は先々の生活の不安もあってか、お金を使わなくなってしまい、世界の市場が動かなくなったことで企業は立ちゆかなくなり、従業員の解雇により失業者は増加し、世界経済は悪循環に陥った状態にあります。

このようなことはすでに起こっていることですが、これはほんの序章に過ぎません。未来の自然環境はますます悪化し、経済の低迷は農産物の生産を減少させていきます。

それに追い討ちを掛けるかのように、新種のウイルスの発生によって被害がより重なり、世界経済の混乱に拍車をかけ、その影響から店頭からは食料品が次々と消えていき、仕事のできなくなった人々は収入の道を閉ざされ、食べることも、移動することも、冬には暖をとることもままならない暮らしを送ることになります。

人類がこれまでのような考え方や意識状態のままで放っておくと、いずれはこのような大きな混乱、それ以上の最悪な状況を迎えることになるでしょう。また、これまでの世界においては、物質的な豊かさを求めようとすればお金もかかり、間接的な費用も色々と必要となって、その経済的負担で苦しむことにもなりましたが、これからはその必要もなくなるといっています。経済の仕組みが変わるのです。ここに説かれている**《金のかからぬ世》**という表現がそれを示しています。これまでのようなお金のかかる重い時代から脱した世界を暗示するものです。その時代がいつ来るのか？　近い将来か？　遠い先か？　そこは定かではありません。

また、**《金のかからぬ世》**という言葉には別の意味が込められています。それは、未来において宇宙間に新たなエネルギーが発見されることに端を発し、そのエネルギー自体が通貨に代わることで人類の暮らしに大きな変化が生じることです。そのエネルギーは日常生活のあらゆるところで利用されるようになります。

そのことから、これまでのような経済活動が必要とされない時代が訪れることになり、それは人体への利用も例外ではなく、そのエネルギーを体に取り入れて活用することで、体内の生命エネルギーを効率よくコントロールできるようになっていきます。そうなることで、地球上の食糧から栄養を摂る必要もなくなります。

この新たに発見されるエネルギーを摂取すると、身体は壮健になるばかりでなく、今まで以上に、身体の霊化（光体化）がますます進んでいくようになるということです。このような経緯から未来の人類の世界においては経済の必要性がなくなります。

逆にいえば、「物を所有すると、人類は自らの進化を妨げる状況に陥ってしまう」ということになる訳です。しかし、この状況をどう解釈すればいいのでしょう？

その解釈が、《**物を持てば苦しむ**》との一文を解く鍵となるのでしょうか？

その答えは、宇宙霊学を参考にすることで解き明かすことができます。「物を所有することで重力に取り込まれる」。実はそれもいえることなのです。

人間生命の進化を妨げる原因であると同時に、人間生命の進化の要素ともなり、人間生命にその両方の作用をもたらす三次元物質界とそれを形成している要因。物質を時空間に留め置く要因は二つあって、一つは質量、一つは意思です。

原子同士が結びついて結晶化することで質量が生まれますが、これが物質であり、原子同士が結びついて結晶化するのが、物質が形成されていくプロセスです。

そこで、その原子同士が結びついて物質を形成する見えない力とは何でしょう？

それがもう一つの要因であるところの「宇宙の意思としての力」にあります。人類の生命に進化（霊化・光体化）をもたらすのはこの質量を取り除くことにあり、いうなればこれが、「人類における重力からの解放」ということにもなるのですが、しかし、この重力を解き放つ働きもまた、「宇宙の意思」によるものですから、
《**結び目解くぞ　神が解くのじゃ**》とはこれなのでしょう。

この言葉は、物質が形成されるプロセスとは真逆の働きをなす内容であるので、

であれば、この時代においては是非、神に結び目を解いてもらう必要があります。質量を人間に置き換えれば、「願望や欲求の思念」ということになります。仏教でいえば、執着や我欲です。これらの根本は、自我に基づく意思にある訳です。利己的エゴによって生み出される執着心、何かを自分のものにしたいという強烈な欲望、それが地球の引力と因果関係を形作っているという訳です。三次元物質形成の法則です。物をたくさん所有するということは、物質量の増加でもあることを意味しますし、また、物質の増加は、重量が増えますので、過剰質量と置き換えることもできます。

霊的な次元と物質的な次元は、そこに働く宇宙法則に違いはありませんから、質量の増大が起これば、精神的な質量の増大をも招く結果になるという訳です。物を多く所有することで、無意識のうちに心の方もますます重くなっていき、そこで魂は、それ本来の自由性や柔軟性を失ってしまうということになるのです。魂が自由性と柔軟性を失ってしまうと、地球の重力にますます引っ張られてしまい、将来、人類が迎えることになる新たな次元に向けての対応を困難にするばかりか、障害にすらなってしまいます。そういう事態に陥ってしまうことが予見されます。

これが《**物を持てば苦しむ**》というもう一つの意味のようです。

三次元物質界にはこれが正しいという答えはなく、人間の社会は矛盾だらけです。秘教霊学によると、「真実は内なるところにある」とのことです。自らの中にです。そして、「内なるところとは、五次元の霊領域のことに他ならない」と教示しています。私たちの心は五次元だというのです。私たちの意識は五次元領域にあるというのです。「新たな次元への移行は、心に羽の生えたような軽くて柔らかな意識が求められる」ということのようです。

しかし、「心に羽が生える」というのはどういう意味なのでしょう？　それは、「心の荷を下ろす」「重荷から解き放たれる」ということではないでしょうか。ということはやはり、心に巣食う欲望や利己的エゴを取り去ることが鍵になるようです。

ところで、人間から欲望やエゴを取り去る秘策を暗示するものとして、この一節に、その道は「ヤシロ（社）」にあると説いています。

ここに説かれている「ヤシロ」の真の意味を理解しないといけません。この一節を、後に続く文面と照らし合わせてみると、それが逆説であったと分かります。

この「ヤシロ」の真の意味、それはどういうものであったのでしょうか？　私たちが「ヤシロ」本来の意味を理解したとき、その真のあり方に目覚めたとき、人類の進むべき道が正しく導かれると説いているのです。

【補足】

白庭のシロは神の依《よ》り代《しろ》となる神庭《かむにわ》のことで、ヤシロ（社）のシロ、神社《じんじゃ》を古くはカミヤシロといって、そのシロと同じです。白庭《しろにわ》は代庭《しろにわ》の意味でした。

この白庭を秘教霊学では霊的次元への扉の役目にあるものとしています。白山《しらやま》が古《いにしえ》では霊的世界の入り口とされていたように、白庭の仕組みもそれと同じで、神霊界に通じる神聖空間とされていました。

古ではそういうことなのですが、ここに説いている白庭は、外の世界には存在しない領域を示すものですが、それは人間の心の中に存在しているといっています。つまり、自らの心の中を清められた氣で満たし、心を神庭とすることで、それを的とし、神氣が降りてくると説いています。

ここでの白は「神聖なる清浄」を表していますから、白庭とは、「神聖なる氣で清めた心の庭」という意味になります。

神を祭る御柱《みはしら》は、身（実《じつ》＝真心）を尽くし、人の身を安全で幸福な場所に導く神の道標《みちしるべ》となるもので、これは、身を尽くすことから生まれた言葉である霊標《みおつくし》のことをいいます。

神でさえそうなのですから、人間はなおさらで、神に身を尽くす心構えを持ち、自らの心の中に御柱を立てるものであると説いているように思います。

神に身を尽くすと聞くと、日常の暮らしにあって垢にまみれた心を持つ私たちにとって、何かの厳しい修行のように思え、何だが身が竦《すく》む思いですが、そうではないのです。神に身を尽くすというのは生命を全うすることなのです。

人がこの世に生まれてきた意味を知り、人生の目的・使命を果たすことをいいます。

人類全般に共通する大きな意味では、そもそも人間という生命の目的は、宇宙（天）と地球（地）の間に立ち、地上界のすべてを愛と調和の心で満たすことであり、人間はそのために生まれた存在であるということです。つまり、宇宙の愛の意思を地球上に表現することにあります。

それは人間生命にとって誇らしく、誉れある創造的活動であり、人や物、動植物を傷つけたり、破壊したりすることではありません。それは大地さえもです。それ故、私たち人間は、人間生命の魂は、宇宙から分け与えられた愛と調和の心を思い出さなければならないのです。

そこで旧約聖書に登場する「失楽園」の話になります。「楽園を追われることになったアダムとイヴ」の有名な話です。

二人に課せられた労働と出産の意味がそれで、アダムに課せられた労働をただ苦と捉えるか、それとも労苦を乗り越えて歓びと捉えるか、イヴに課せられた出産をただ難と捉えるか、その難を乗り越えて幸せと捉えるか。

二人に象徴されたその意味はその問題に限ったことではなく、私たち自身に与えられたすべての問題に対する選択にあると思います。

古において「ヤシロ」とは社殿などの建物を指すものではなく、天上界から神が山や人里の

「シマ（土地）」に降りてきて、「神のヨリシロ（依り代）となった神聖なる御座《みざ》」のことであり、「神（ヤ）代（シロ）」という意味です。そこに「ヤ（神）」が鎮座したので、そこに「ミヤ（神屋）」を建て、その場所を「ヤシロ（社）」としたのです。

そこは祭祀を執り行う神聖な場所となったことから、「シメナワ（注連縄）」で囲って禁足地にしたのでした。「ヤシロ」とはそういう意味の古語であり、また言霊《ことだま》でもありました。その「ヤシロ」の意味を当てた字が「社」です。古代の人々はこの「社」の字を用いるうえでも、「ヤシロ」本来の意味を損なうことなどはありませんでした。

この「社」と同じ意味合いであるのが「杜」で、この字を「モリ」と訓みます。これは土が盛られたその周囲を樹木が囲った様子を表すもので、それは「ミササギ（御陵・神陵）」でもありましたが、本来は神の鎮まる森、こんもりとした社叢を表すものです。

古代において祖霊の居所は深い森の奥山にありました。人は亡くなると霊となって山に昇り、神となる（実際は、古代においては、尊い人、あるいは、親が亡くなると、その屍を山中に運んで行き、その後、神として奉ったのでした）とされました。つまり、祖霊は山ノ神でもありました。人々の祖霊の眠る山が本来の「ヤシロ」であったのです。

また、「ヤ」は神を称える古語で、「神を迎え、神と共に慶びて、その目出度きを祝う」という意味です。

わが国の古語に「イヤサカ（弥栄）」という、相手の幸福を願って、言葉を送り交わす、そういう祝福の言葉を取り交わす習いがあって、これも同じで、この言葉は、「神の守護のもとにあなたに繁栄あれ！」という意味でありました。

この「イヤサカ」の「ヤ」は同じく神を表す言葉で、「ヤ」は「八」の数に似ていることと、「末広がりの形」をなすことから、これも慶事としました。

またさらに、「八重（ヤエ）」という言葉がありますが、これは「八が重なる」。これもまた目出度きものとなります。「八重」は八つ重ねをもって「十六弁菊花紋（菊の御紋）」となります。これも大いなる慶事です。

このように、「ヤ」の字には真に目出度き事柄がついて回ります。これが「神（ヤ）代（シロ）」であるところの「社（ヤシロ）」本来の意味でありました。

さて、ヤシロの真の意味が分かったところで、では私たち人類はこれから一体どのように生きていけばよいのでしょうか？

それこそ前文の最後の行に記してあるように、自らの心を「天地自然の中に置くこと」です。ヤシロの真の力を得るために、自らの心を自然の中に還すことです。自然の中で樹木の声を聞き、小川の流れに目をやり、瀧の飛沫を浴びて、星の瞬きに意識を合わせてみることです。

自然は人間がこの星で生きていくための、また他の生命と共存していく道を示してくれる教師です。自然を支配し、自然に対して背を向けながら生きていくことなど、地上のどんな生命にもできない話です。

ところが人類はそのように思って、これまで上手くやってきたつもりでしょうが、その思いは恐ろしいほど傲慢でありました。そんな驕り高ぶりのツケが人類の終末を早めることになったのです。

地球はもちろんのこと、大自然を構成しているエネルギーも生命であり、霊命なのです。なので、すべての存在に意識も知性もあるのです。すべては生きています。

真理は内なる自然の中にあり、神は内なる自然の中に居わします。宇宙の英知、その神聖なるエネルギーは、この地球の内なる自然に秘められ、常にその内なる自然と共にあるのです。その真理と英知と力を得たければ、そして、人類の進化を目にしたければ、その内なる自然の中へ出向いて行くことです。

人間生命の対極にあるように見える緑の生命体、樹木や草花、土や石という、生命の内なるところに、天地宇宙と繫がる通路があります。人間と対極の生命体であるその内なる声に耳を近づけ、そこに秘めた知恵と力を今こそ授かる時期だと思います。その内なる自然に秘められた真理と私たちの魂が宇宙の神聖と繋がるための答えが、後に続く言葉に示されていきます。

つねに清々しく、心清らかであれ。
どこにいようとスッとしていることである。
氣の通りも、光の通りもよくするからだ。
身も心もスッとできるのは素直な証し。
人に素直といわれることを恥じらうなかれ。
その言葉は神の光、神の氣のなせるもの。
神のその現れを前にしてためらうことなかれ。
神はその清《すが》しき魂の中に降り給《たま》う。

解説の十五　意識は純化されていく霊域の拡大

【神託】２‐９

素直が肝心　素直であれば思い通じるぞ
あれこれ悩む心配はない
ただ　すっとしておればよいのじゃ
互いの心が見えてくる
澄み切りておれば神の世界じゃ

素直さが大切であり、いつどこにいても「スッ」としていること。それが大切と説いています。《**素直であれば思い通じるぞ**》とあります。

では、素直とは何でしょう？　その後に続く言葉にはその答えがあります。

《澄み切りて》です。これはいつも心が清らかにあることです。

神道には古来【真澄みの鏡】という行法があります。これは、自分の姿を鏡に写し、心を澄み切らせ、次に、鏡の中に神の姿を映じる。それを行なうことで鏡に映った自分が神と同体になるという修行方法です。

これを神我一如《しんがいちにょ》（神と自分との一体化）の境地といいますが、ではその修行がなぜ必要かというと、心を澄み切らせることで、物事のすべてが鏡に映し出され、それが良きことであっても悪しきことであっても、それがまるで神のように見えるようになるからです。

物事やその因果が白日の下に晒されることになります。つまり、この行法は【神の目の会得】をなすためです。神に仕える任にある者はその能力があってこその聖職だからです。

しかしこれからの時代は、神に仕える人に限らず、そのような人が世の中に多く見られるようになると、そのように予言しています。

そのような眼になれば、悪しき者の心が見えてきて、その姿を避けることができ、その邪な罠にもかからないようになります。邪な心にある悪しき者の未来はなく、そのような者の死後は、人生をやり直すための転生の機会さえ与えられず、また、新たに迎える時代は地獄の領域が必要でない世界なので、地獄に行くこともなく、それ以上に悲惨なのは、人間としての生命が永久になるほどに消し去られてしまい、三次元宇宙の他の星に移され、初めから物質形成の単なる元素に戻されてしまいます。

それでも意識はその中に閉じ込められていることから、完全な拘束状態にあって、自由などなく、ただただ次から次へと物質形成に奉仕させられていくことになるのです。

それがここにいう、《**よこしま**（邪）**なる心のもの　何も無くなる　もう地獄も何もない**》という言葉の意味であり、また、《**気の遠くなるほどの世まで　人の心はもたせてもらえぬ**》という言葉の後に、《**何もない粒のひとつになるものに別れる**》と続いて説明されています。

人は魂が何であるかを忘れてしまっている。
また、そのことについて思いを巡らすこともしない。
魂は新たな次元への扉であり通路となるものである。
そのことを人は今こそ知っておく必要がある。
人が自らの魂に目覚めれば真の救済が得られる。

解説の十六　終わりの始まり、最後の決断

【神託】2－11

これからは人の世のはじめからはじめるものと
光に満ちあふれた神の世に生まれるものと
何もない粒のひとつになるものに別れるのじゃ
三つに分かれるぞ　もうおのおのが決められたのじゃ

この一節を字句通り読めば大変な内容になります。

一つは、かつてのように人類は再び原始の時代に戻ってしまい、一から進化のやり直しをすることになると言っているようですし、もう一つは、あるレベルまで霊的な進化がなされていくことで、さらに次の高い意識の次元へと移行することにな

るといっているようです。

後の一つは、宇宙創造の素材（原子・素粒子）のレベルに戻ってしまうと……。

そのような意味に受け取れるのですが、実はそうではなくて、宇宙の実体とは何か？　宇宙自身の進化にとって必要とされるものは何か？

その答えを解き明かせば、この謎めいた言葉の一節は自ずと見えてきます。

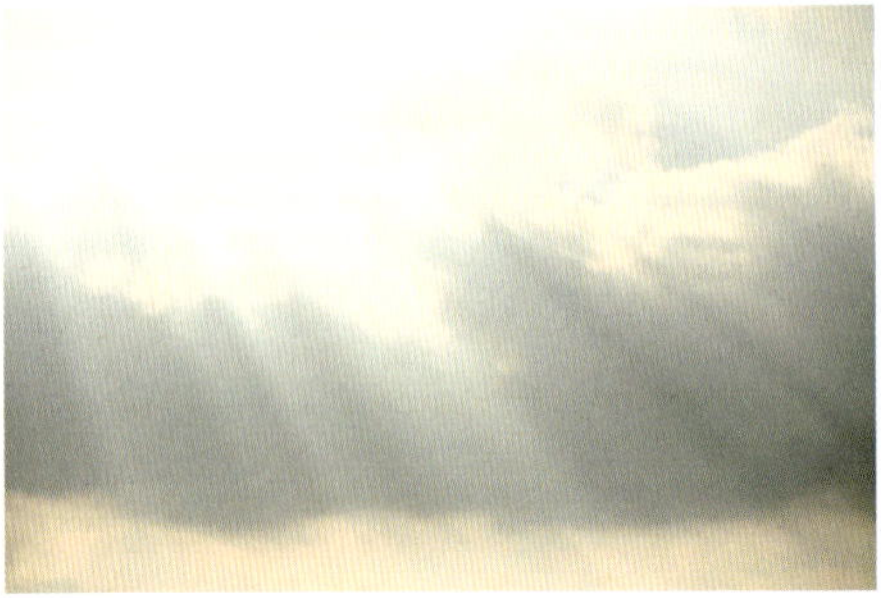

宇宙（神）はトータル（全容包括）な存在です。宇宙（神）は必要のないものを生み出すことはありません。ですから、宇宙（神）にはムダな創造などは一切ないのです。

そう考えると、人間もまた宇宙（神）が生み出した生命の一つですから、不必要な人間など一人もいないということになります。すべてのものが宇宙（神）にとって必要とされて生まれてきたのです。

そこで思うに、「宇宙（神）は地球に誕生した生命のすべてを、包み込んで進化する神聖なる存在」ではないかと。

ということは、人類進化のうえで落ちこぼれる人など出るはずもなく、すべては進化していく生命なのではないでしょうか？

そのことから、新たな次元移行についても、三次元物質界の拘束性の中で、国や民族の思想、遺伝子の問題、教育の成熟度や家族の価値観、社会で経験した意識の状態などによって時間がかかる人もいるでしょうが、すべての人間がいずれはその次元へ移行できるはずです。

「霊の絶対不滅の法則」は、宇宙（神）自らが創造したことなので、人間の魂（霊生命）を消滅させることは、宇宙が創造した自らの法則性を失います。

なので、宇宙（神）は創造主ですから、それが叶うことはないでしょう。

言い換えれば、宇宙（神）は約束事（誓契＝ウケヒ）で成り立っていますので、約束事（誓契＝ウケヒ）を違えること自体が自らの存在の否定となり、宇宙（神）自身がそういう結果に至ることを許すことにはならないからです。

それ故に宇宙（神）は、自らを分離した霊命であるところの人間生命の意志や、その独立性を阻むことなどは決してありませんし、そのことを無視して、私たちの住んでいるこの世界（三次元物質界）に介入することなどもしません。それをすれば、自らを分離した霊命（人間生命）の意志を弱めることになり、霊命（人間生命）自身の魂の目覚め、霊性の進化を妨げることになるからです。

それと同時に、重複しますが、神（宇宙）自身の存在理由も失われることになり、宇宙（神）自身の消滅を招くという矛盾に陥ることになってしまうのです。

また、宇宙（神）は常に、深遠で精妙なる進化をし続ける存在でありますので、それ故に、その進化においてのさまざまな次元に必要な役割の組み合わせや、配置転換をする必要が出てくると、この一節は説いているようです。

これこそが神（宇宙）の秩序を保つための重要な玄理となるところで、「他の存在を認める」という意志の一つであるところです。

よって、この一節の解釈はこうなります。

「人類のユートピアを自らの理想とするなら、それに応じた他の惑星の次元に霊的移行がなされる。そして、地球の大自然と共にあることを自らの理想とするなら、豊かな大自然に覆われた過去の世界に霊的移行する。さらに、自虐的かつ破壊的な未来がやって来ることを信じるなら、破壊される現実を招き、荒廃した世界に我が身を置くことになり、虚無的な思考に支配され、何も考えない自分であることを選択するなら、まったく思考のない素材の役割に霊的移行する」

簡単にいえば、次の移行次元は自らの意志と思考で決まるというものです。

私たち人類は日々何かを意志し信念して生きています。どんな悪状況でも意志や信念が働いているのです。意志や信念のないところに、人間の生命は存在しないのですから。

言い換えれば、私たち人類は自分の望む通り、理想の未来の世界に行くことが可能だということです。たとえそれがどんな未来であったとしても、それを自らが望むならそうなります。

ただし、その理想の次元に行くためには、

「今の時点で、自らの意識がどんな状態にあるか？　理想的な世界の中に意識を置いているか？」

と問うことです。

ここが重要なポイントとなります。これが新たな次元移行の鍵となるところです。

イマジンがすべてです。つまりはイメージすることです。

この一節は解説の十九の「玉のすわる場」へと繋がります。

この一節の意味が解けると、「玉のすわる場」の真の理解へと繋がっていきます。

愛を深く理解している人はすべてを許すことができる。
愛が高次の光を招き入れる力となり、それができるのだ。
真の愛は穢れることがなく、清き愛に矛盾を見ることはない。
人を愛する思いは尊く、人を光に導く行いはさらに尊い。
その愛と光は人知れずとも天が知るところとなる。
その命に慶びの雨が降り注ぐ。徳という聖《きよ》き水である。

解説の十七　自悔《じげ》、他幸《たこう》意識への転換

【神託】2-12

最後の一瞬　神に詫びてくだされや
恩になったものすべてにその恩の一部も返せんかったこと
心から詫びてくだされや
親や妻、夫、子、友、すべてにじゃ
おのが身に不幸を与えしものすべてを許してくだされや
おのがすべてを許し　まわりのすべてを許すのじゃぞ
これが人の世に下された最後の道じゃ
最後の慈悲とでもいおうか

自らの魂を救済する手立て（方法）はあるのでしょうか？
その手立て（方法）は死の向こう側にあると仏教には説かれています。仏教にいう涅槃《ねはん》の世界です。阿弥陀《あみだ》浄土のことです。
それでも最後の一瞬、魂を救済する手立て（方法）がこの一文に説かれています。

自らの過去は消えるものではなく、過ちも消せるものではありませんから、この一瞬の中で、今一度、自分のこれまでの心のあり方や言葉、行いを省みて、真実でなかったそれと正面から向き合い、誤りが分かれば素直に悔い改め、辛く苦しい思いをさせたすべての存在に対して心から詫びることが大事であって、そして、未来に訪れる光の世界の変容に備えて自らの心身を清らかにし、その日まで人々の幸福に役立ち、平和に力を尽くし、祈り努めることの尊さ、宇宙（神）の目はその姿を見てとり、苦を解き、生きる力を与えてくれるとあります。

死を前にした時、誰においてもその人間の心のあり方が問われます。内省する人は、人生で出会った人の思い出が走馬灯のように胸の中を巡ります。辛かったことも、苦しかったことも、悲しかったことも、楽しかったことや、嬉しかったことと同じように喜びの念に変って、そこにはただありがとう、もうただただありがとうと、感謝しかない思いに包まれます。

ところが、人間はなかなか自分の非を認めたがらず、謝りもしないものです。それが、霊性の向上を望む者であっても、また、その道を歩んでいながらも、一方で自我の強さから抜け出せず、自己肯定の心や自己防衛の心が働き、自我の強さやプライド、見栄（虚栄心）などが目覚めの邪魔をするのです。

霊性の向上を望む者であってもそうですから、そうでない人はなおさらです。人間は自分の言動や行為の誤りを素直に認めない傾向にありますが、その心を捨てて非を認め、詫びる思いを口に出し、反省の心を行動で示すという、それらのことが**《詫びてくだされや》**の一言に凝縮されているように思います。それができるかどうか、そこが大事な点で、宇宙（神）はそこを見ています。

《詫びる》という言葉、それは過ちを犯した罪穢れの心を言霊で清める行為です。その言霊が霊性の向上においては最優先のこととされています。

次に、こちらに与えた相手の罪や、相手が自分に与えた罪をすべて許す心。許す行為に努めるところに霊性の進化の重要な鍵が隠されてあります。そうすると宇宙（神）の光がその心に灯り、その心は澄み切りの状態になります。先の章にも触れましたが、このような心を「真澄《ますみ》の心」といいます。このように、「ゼロ磁場」を創り出すような澄み切った状態、イノセント（無垢）な状態に心を置くと、命の眼（心眼・魂の目）は開かれます。

その時、脳裏（眉間の奥の前頭葉あたり）に眩《まばゆ》い光の刺激を受け、その光が次第に虹のような渦になって回転するのを覚えるでしょう。そしてその時、その人の体はまるで雲のように、鳥の羽のように軽くなって、神聖性を感じ、祝福されているようにすべてが満たされ、すべてが愛しく思われて、見るもの、手に取るものすべてを慈しむ心の感覚がその人を包み込みます。

次に、人に優しく接すること。それが徳を磨く第一歩となります。

お金とか出世とかを求める前に、あるいはそれらを手にするがために、まずは人格の向上に努め、社会での徳の関係を築くことです。

人格を磨いていくと霊格も高まってきます。霊格と霊能は違います。霊能のある者が霊格の高い人であるとは限りません。しかし霊格の高い人は霊能も自ずと発露します。判断基準はそこにあります。霊的な力を得るうえでも、人格の向上と徳の構築が鍵となるのです。

この星に生命が誕生し、存在し、進化する玄理、
その引力と遠心力はその役目を終えようとしている。
魂の目覚めた人々は重力から解き放たれることになり、
新たな世界に向けて慌ただしく準備を始める。
それと前後して闇が最後の働きとして時空に蠢《うごめ》く。
凛とした構えで内なる領域に神の光の柱を立てよ。

解説の十八　新たなる世界への準備

【神託】2-14
さてさて　月の世は終わりとなるぞ
天照国照の岩戸が開く

2-15
月の世の終わりは一瞬　闇がくるから心に光をともせよ

《月の世の終わり》とはいったいどういう意味なのでしょう？
それはおそらく「月の働きが終わりを迎える」という意味だと思います。
では月の働きとは何でしょう？　一つは太陽の光を受けて輝く働きにあります。

月は自らの光で地球を照らしているのではなく、太陽の光を受けて輝いています。なので、**《月の世の終わり》**の意味を私たち人間に当てはめるとこうなります。

「誰かの光によって生きる時代は終わり、自分自身の光で生きる時代となる」

つまり、月は太陽の光を反射することで月としての自らの働きをするように、他者の魂の光を受けて、言い換えれば、他者の生命エネルギーを吸収して、自らのエネルギーとして生きる受動的な人生を送っている人々において、そのような受動的な生き方に終止符が打たれる時代を迎えることになります。

これを岩戸開きといいます。そのようなことを伝えているように思います。人間は誰もが自らの魂の目覚めを決意した時、内なるその岩戸が開くのです。

これまで岩戸のように固く閉ざしていた自らの魂の扉が開かれ、開いた扉から魂の光が外の世界に放たれ、その時を境にして、自らが自らの宇宙の創造主となることを意味したものではないかと思います。

このように、生命の本質であるところの「魂」の目覚めをもって、まず自らが自らの宇宙（自らの世界）の主体となって生きる次元が訪れます。

自らが放つ魂の光によって自らの世界とその未来を創造し、明るく照らし、周囲をも明るく照らす時代がやって来ることを示唆しているのでしょうか。

このように、そう遠くない未来、人類に霊的な進化をもたらす扉が開かれ、それによって人類を新たな次元へ誘う秘密の入り口も開かれることでしょう。

魂の扉が開かれるというのは「魂の目覚め」が起こることを意味します。

そうして初めて自らの魂の光で天空を照らし地平を照らすことができるのです。

神道に「大祓詞《おおはらえことば》」という罪穢れを祓う祝詞《のりと》があります。

神代の話、この星（地球）の天空に天《あめ》の益人《ますひと》の乗った天の岩船がやって来て、地上に降り立った益人ら（人間の祖先）は、この星の構造があまりに面白くて、好奇心と感情にまかせた行動の末、善悪の違いも分からぬほど好き放題をし、数々の過ち

を犯してしまい、とうとう地球の重力に巻き込まれてしまいます。

重力という三次元物質界の罠に陥った益人らは地球を離れることが困難となり、宇宙の母国に帰還することができなくなってしまいました。

そのとき、益人らの地球入植後における三次元地上界を視察するために、この星に降り立った高次の霊性らは彼らの行動による数々の異変を目にし、すぐさま益人らの細胞の再組成と意識の霊化を図ることを決断したうえで、益人らに、【禊《みそ》ぎ祓《はら》い】を実行させたのでした。そうすることで、心身を純化させ、益人らは生命本来の霊性を取り戻し、再び宇宙に帰って行くことができたという宇宙神話です。

生命本来の霊性を取り戻す。それは魂の目覚めを意味しています。

これが《**月の世の終わり**》のもう一つの意味です。

近未来の地上界ではこの「魂の目覚め」が至るところで起こってきます。

この【禊《みそ》ぎ祓《はら》い】の方法を学び実践することが、私たち人類の霊性に課せられた最重要課題だと思います。

私たち人類が宇宙に帰還するためにも……。

月はまた、生命体はもちろん、地球のすべての水を司る働きを担っています。【禊《みそ》ぎ祓《はら》い】は清らかな水をもって行いますので、そのプロセスを終えますと水を司る月の任も解かれることになります。

【神託】2-15

月の世の終わりは一瞬　闇がくるから心に光をともせよ

この一文はカゴメ歌の「夜明けの晩」の一節にヒントがあります。

夜明けの晩とは、夜明け前には周囲が一瞬真っ暗になることを指します。その現象に例えて、人々が「魂の目覚め」を迎え独自の世界を創造し始める時、それを阻止するための最悪的な障害が色々起こってくることを示唆するもので、しかしそれも霊性の向上における通過儀礼であり、いわばテストのようなものです。

それがこの《**月の世の終わり**》の一つの解釈ですが、それともう一つ、人類が新たな時代を迎える時、あらゆる災いが襲ってくるという解釈です。


ですから、「新たな時代の幕開けの前にはよくよく気をつけるよう、その時、人類は希望の灯も消えてしまうような暗黒の時代を迎えることになり、しかし、そうなっても暗く沈んだ気持ちになったり、不安に襲われたりせず、自らの魂の光で希望の灯《とも》を点し、助け合って、明るい心でいるように……」と、そのようなことも示唆しているのではないかと思います。

【神託】2-16

先が見えなくなるぞ　闇で黒い龍が動くぞ
心に光をもたば　白き龍の後に続けよ
闇でも白き龍は光りて見える　おのが心の光を受けて光るのじゃ
やがて　岩から光がもれると　白き龍七色に変わるぞ

2-17

七色に見えるそこが　おのが心に立つ光のみはしら（御柱）じゃ

《先が見えなくなるぞ　闇で黒い龍が動くぞ》というのは、人類が暗黒の時代を迎えた時、人々の心は不安になり、気は沈み、恐れ、怯えから、理性ある思考や判断ができなくなることで、先々のことが見えなくなり、夢も希望も生き甲斐も失われてしまいます。

《闇で黒い龍が動くぞ》は、暗黒の力が目覚めて動き出すことで、闇の勢力が跋《ばっ》扈《こ》（のさばり、はびこること）するようになることです。

だから先ほどの《**心に光をともせよ**》という言葉になる訳です。心に光を点《とも》すことを怠らなければ、そして、夢や希望や志を捨てなければ、人類の未来には必ず光が射し込むことになるという意味なのでしょう。

白い龍は黒い龍の対極にある象徴で、白い龍とは希望の光を与える存在です。《**闇でも白き龍は光りて見える**》とあるのがその意味です。

《**おのが心の光を受けて光るのじゃ**》には二つの意味をもたせています。おのがとは自身のことです。一つは白い龍自身が自らの光を受けて光ること、もう一つは人間自身に向けてのことです。しかしこの二つは同じことを指しています。自身が希望の光をもち続ければ未来に光が射すことを表しているのです。

次の《**やがて　岩から光がもれると**》とは、岩は〈解説十八〉でいう、天の岩戸のことです。岩戸の隙間から光が漏れることを意味するものです。

希望の光があたり、固く閉ざした魂の扉が少し開き、魂の光が漏れ出します。その漏れた光というのは、人々の心に希望の光が点ったことを表しますが、新たな時代の予感でもあります。どちらも人類の新たな目覚めを意味します。

《白き龍七色に変わるぞ》これはもう希望の意味でしかありません。七色は虹の色、虹は希望を表します。まさにオーバー・ザ・レインボウ。この神託の主がこの「虹の彼方に」という歌を知っているはずもないでしょうが、不思議にこの七色という言葉に惹かれます。虹の彼方には夢の国があって、幸せを運ぶ青い鳥がいる。そこに行けば夢が叶うという意味なのでしょうか？

《七色に見えるそこが　おのが心に立つ光のみはしら（御柱）じゃ》この行ですが、七色に見えるそこというのはどこを指しているのでしょう？　前の行で例に挙げた「虹の彼方の国」、「夢や希望が叶う世界」でしょうか？　しかし、ここに説かれている言葉はそういう意味ではないように思います。

　ここでの**《おの》**は人間自身のことです。「夢の国、そこが自身の心の中に立つ光り輝く神柱の場所なのだ」といいます。言い換えれば、「希望を叶えるのは自身の心の中に立つその光の柱にある」。このように解釈できると思います。では光の柱とは何でしょうか？　その正体は次の一節で明らかとなります。

【神託】2-18

岩戸は香久山に決まっておる
天に続く天の香久山は　おのが体の中にある

《岩戸は香久山に決まっておる》。この部分は古事記に記されています。天の岩戸開きの神儀は高天原という天上界で執り行なわれたものです。

高天原には、天香久山《あめのかぐやま》（以下、香久山と省略）という聖なる山があり、そこには、香久山に天の岩戸があるとは記されていませんが、現在の奈良橿原の香久山にはちゃんとあるのです。アマテラスが入った？とは思えないくらい小さな磐座《いわくら》ではありますが。これを香久山に擬《なぞら》えて説いているのです。

では、**《天に続く天の香久山は　おのが体の中にある》**とは？　私たちの体の中に香久山があるとはどういうことなのでしょう。

実は、ここに引用された内容は単なる暗号に過ぎなかったのです。これは、私たち人間の内的器官を比喩したものです。

【神託】2-19

香久山に天のみはしら　光のみはしら立つぞ
根底より天の頂きに向かいて勢いよく昇りつめる
これ光の力ぞ　この光景ゆめゆめ忘れるなよ

豊葦原が下半身ならば、高天原は上半身、それも頭部にあたります。因みに大海原は下半身に属する腹部にあたります。

頭《アタマ》は古語で解くと、アは天、タマは玉（球）になります。

天は上部を指しますから、体の上部にある玉とは頭を指す訳で、玉は球と同じなので、天の玉は天球となり、天球は天界を表します。天界は天上界で高天原のことですから、人間でいえば頭になるのです。

なので、高天原にある香久山は、頭部にあることになります。

ならば頭部のどこにあるのでしょう？　頭部の深いところでしょうか？

そこで**《香久山に天のみはしら　光のみはしら立つぞ》**のその**《光のみはしら》**の一文がそれを解く鍵となります。光を通す柱を人間の体に置き換えるならば脊柱（背骨）にあたります。

脊柱（背骨）を柱とするなら、頭部と脊柱に共通するものとは何か？

そのヒントが次の一文にあります。

《根底より天の頂きに向かいて勢いよく昇りつめる》

頭部の深奥部に、背骨が脳の部分に突き当たるところがあります。そこは脳幹になります。脳幹を知っている人はまだ少ないかもしれません。

そこに香久《かぐ》山の名に似た、永遠の国にあるとされる果実があります。

それは日本神話に記された「時じくの香久《かぐ》の木ノ実（非時香菓）」です。常世国《とこよのくに》の樹に生る霊果で、不老不死の霊薬とされています。

常世国とは「永遠の時間と永遠の生命が約束された理想郷」をいいます。日本版パラダイス（楽園）というか、前述の「夢の国」に似ています。

では、人間の体の中で光をもたらし、永遠の世界と通じる部分というと、それは一つしかありません。「松果体」です。光を受発信する器官です。この器官が霊的な次元とも繋がり、霊的な光も受発信する器官であるのは、〈解説の五、六〉で述べた通りです。

そこで、**《これ光の力ぞ　この光景ゆめゆめ忘れるなよ》**ですが、この松果体は、今は松の実に似た形をしているので松果体といいますが、かつてはピラミッドのような錐形の形状をしていたということです。

天の岩戸が開くと大海原にある龍宮《りゅうぐう》の龍が目を覚ますといわれています。龍宮の扉が開き、龍は勢いよく天に昇って行くとあります。白光に耀き上昇していくその龍の姿が光の柱状に見えることから、**《光のみはしら》**と例えたように思います。

しかし白い龍といい、光の御柱といい、大海原の龍宮といい、これもまた体の中の何かを比喩しているものと考えます。

秘教霊学には、頭部の結晶体に不可視の秘密の扉があると伝えられ、その不可視の秘密の扉が開くことで、霊的覚醒が起きるとされています。

その結晶体がここにいう「松果体」のことを指しているものだとすると、その霊的覚醒にあたるのは「天の岩戸開き」ということになるでしょうし、大海原の龍宮は「腹部の仙骨」を指しているのではないでしょうか？　もしそうなら、龍は、ヨガにいうクンダリニーにあたるものと思います。

仙骨から頭頂を貫いて一筋の光の柱が立つとありますが、それこそが新たな次元に移行する目印となるのでしょうし、合図にあたると、そのように説いているものと思われます。

魂は天分の扉。魂は図り知れない可能性を秘めている。
その扉は自らの心が自らの魂に気づくことで開かれる。
自らの宇宙は自らのもの。この世に生まれた理由だ。

解説の十九　人間自らの命の本懐

【神託】3－1

人の命の悟る場は　おのが玉（魂）のすわる場ぞ
玉が大事ぞ
生まれしときに誓いたる　神の約束はたす場ぞ
分からぬことあらば　おのが玉に聞け
玉がすべてぞ　祈る心で聞け

「自分は何を志し、誰のために何ができるのか？」と自らに問うことを通じて、自分が何者なのか、社会における自分の位置や価値は何かを知ることができます。

喜びなき奉仕は辛く虚しい。

自らの魂の喜びを全うする人生を手にすることこそ、この世に生まれた人の使命であることを知れば、パワーが湧き出てくるはずです。

自らの魂の喜びを全うする人生、それは社会に自分の存在を表現することです。

一度、勇気を出して自らの存在を社会に問うてみることです。

自らの個性を通じて、創造的な表現を通じて、社会に役立ててみることです。人生の新たな扉はそこから開かれていくはずです。必ず開いていきます。失敗することを恐れては成功などあり得ません。失敗した経験があるからこそ、その経験を生かすことができ、未来に大きな成功と喝采が待っているのです。頭であれこれ考えず、悩まないで、魂の感じるまま行動すればいいのです。社会への献身と自己表現との狭間に、大いなる神のチカラが降りるという真理を、今こそ私たちは悟る必要があります。人類は今それを悟る時期に来ているのです。

魂は何でも知っています。そこに過去世の情報がすべて記されてあるからです。DNAではないのかですって？
い～え、魂という霊意識に記録されてあるのです。

今生で自分のお気に入りの何かがあるとすれば、それは過去世に生きた人生の中で一番楽しかった記憶の表れです。

過去世を知ることは人生を豊かにする手段です。自分の過去世を知ることは、今生の生き方の障害になるという意見もありますが、そうとばかりはいえません。ときとして今の自分の人生を省みるのに大いに役立ちます。

過去世を心に思い描いてみる。その方法は頭の中でイメージすることでいいのです。

そこに楽しいイメージが浮かんでくるものがあれば、それが今生で自らを天才にする既知の経験です。上手く活かしてください。

この方法によって、人間の生命がこの地上界に降りた理由や状況を見ることができます。

この世に生まれてきた意味、人生の目的、その使命を果たさずに生を終えると、この地上界での自分の課題が結局クリアできなかったという結果になりますので、次の転生では再度、同じテーマを選択する人生を送らなければならなくなります。

肉の身を捨てることはそれほど難しくはない。
この世に生まれた理由を見つけることの方が難しい。
ましてや使命ともなればそれを遂げるのは苦労だ。
心を込めた言葉は言魂なのであるから、
傷つき、挫折し、絶望の中にあるときでも、
けっして口にしてはならない言葉がある。
それは神から授かった尊い命を貶《おとし》める言葉だ。
それを発すると冥界への片道切符となる。

解説の二十　真の命の力への信頼

【神託】３－２

玉すわる場のうて　死ぬ死ぬというでないぞ
死ぬる覚悟の第一は　おのが玉すわる場ぞ

３－３

玉すわらずして死ぬると　先で迷うぞ
この世にて玉すわらずして　死に入ると玉の謎解けずして

３－４

次の世でまた迷う　くる日もくる日も同じところ巡りて

あの世とこの世をぐるぐるとな

自らの生命を全うするというのは、この地球に生まれた意味を見つけ出し、自らがこの世に生まれた人生の目的や使命を果たすことをいいます。

そこでこの「玉のすわる場」ですが、それは過去世で自分が成し遂げられなかったことを、次に生まれる世界ではそれを全うすることであって、「玉の座る場を見つける」とは、そのために人生の目的を見つけ、自分が本当にやりたいことに出会って、自らの世界観を形成することでその人生を豊かにすることをいいます。それがこの世に生まれてきた意味であり、また、果たすべき使命なのです。

ところが今の社会の様子を見ていると、このような人生の大切な意味を悟らず、自分の思い通りに物事が運ばない、人間関係に苦しんでいる、思いを寄せる相手に思いが届かなかったことの悲しみに耐えられない、仕事が上手くいかない、商売や事業に失敗し、家族関係にも亀裂が入って悩んでいるなど、そのような理由から、自分の人生を悲観し、社会の役に立つための目的を忘れてしまった人、それ以上に、いっそのこと死んでしまいたいという思いに駆られる人が、後を絶たないというのが現状です。こんなことは本当に悲しい限りです。

そんな中、この一節に説かれているのは、「この世に生まれてきた意味、人生の目的、その使命を果たすことなく、死にたいなどと何があっても口に出してはいけない」と忠告しています。

神道秘教霊学では「言葉は造り主」、「言葉には霊が宿る」と教えています。自らの口を切り、時空に放った言葉は、それを発動した主のもとを離れて、その主の意思を乗せて発動した言葉の実現に向けて動き出すというのです。

なぜ実現するのか？　それは「言霊（宇宙の意思＝魂の意思）」だからです。

「言霊」とは、古より日本に伝わる魂から発する奇しき言葉の力をいい、それは宇宙の根元から放たれる霊的な光であり、霊的な波動のなせる業です。

「言霊」という魂の力で発せられる言葉の根源は宇宙の意思からくるもので、それは宇宙創成の光エネルギーであり、生命エネルギーそのものといえます。

宇宙空間は霊空そのものであって、「言霊」を放つ者の実体も霊ですから、その者が放つ言霊の波動を受けて、宇宙の霊空はその意思を忠実に守るので、その思念通りに形作ろうとします。これもまた宇宙の決まり事なのです。その良し悪しに関係なく、発した思念に従い現実化させることになります。

このように言葉には霊的な力が働きますから、自分が霊空に発した言霊は、使い方をひとつ間違えれば取り返しのつかないことになりますので、言葉もそうですが、発した言葉の原因となる自らの思念もよくよく観察し、くれぐれも注意を払う必要があります。言霊はある意味で怖いものです。

だからこそ簡単に死にたいという言葉を口に出したりしてはいけないのです。

反対に、良い言葉は「言祝《ことほ》ぎ」なので、どれだけ発してもいい訳です。

言祝ぎは寿ぎ、自らの魂を通じて放たれる宇宙の慶びでもあるのですから、自分の人生だけでなく周囲の人々までも歓びの状態にしてしまいます。

【神託】3－5

おのが玉（魂に刻印された課題）探されよ

「この世で自らの魂が本来あるべき場所を探すように」といっています。

というのも、人間は誕生時においてこの世に生まれるための理由、目的、課題、使命などがあって、それらの情報がそれぞれの魂に記録されているからです。

人は誰しもそれをもって生まれ、それを果していかなければなりません。

【神託】3-6

「おのが玉すわる場しかと定むれば
不思議な力ぞ　湧き出ずる　玉（真実の生命）　おのずと光り出す」

ということで、「この世に生まれた理由、目的、課題、使命などが分かり、これからの自分の人生に向かう心構えというものがしっかりと定まったとき、これまでに思いもしなかった不思議なパワーが腹の底から湧き出てきて、自らの魂（人間の真実の生命）が、霊性が、自然と光り輝き出すといっています。

【神託】3-7

「頭であれこれ思う間も　人に聞く間もないほどに
身の内よりいきいきと　成り成りてはふつふつと
生きたみたま（御魂）ぞ　顕れにける」

その時、「体の中から湧き出てくるそのパワーに驚き、それに圧倒され、それについてあれこれ考える間もなく、それは思考を超えたものであって、また、その正体を知ろうとする間もなく、それは体の内側からイキイキと、天地宇宙が自然と生り成っていくように、酵母がフツフツと醸《かも》し出すように、魂の真の姿として現れてくる」というような内容です。

次に、ウタをもってその時の状態を表現しています。

【神託】3-8

「天と地のはかり事をば　おのがしび（紫微）
たま（霊）の内に納めたり
おのが身の心細さはあとさきも
この世に生くる身のひとつぞと知る」

「宇宙の進化における玄妙なる計画は、宇宙の霊相に秘されていると同時に、実は、人間自身の内なる霊領域にも納められているものであって、そのことから、これまでの人生で経験した自分の弱さとか淋しさとか、これから先の人生に頼りなさを感じたり、不安や恐れを感じたりしても、それもすべては魂が経験しなければならない必要があってのことで、現世で生きる体一つの問題に過ぎないことを覚るだろう」といっています。

【神託】３－９

玉の仕組みが解ければすべてのすべてに笑えてくるぞ
おのが玉の真の姿　分かりてくるぞ
おのが小さな玉がいつのまにやら果てしのう
大きな玉になりうるを知ることになる

ウタをもっての説明を終えて、さらなる魂についの説明に移ります。

魂（霊命）がどのような造りになっているか？　そこが解ければ、この世の有り様すべてを知ることにもなり、可笑しさが込み上げてきます。

そこが解けると、自分の魂（霊命）の実相を知ることにもなるのです。

そして、これまで体の中にあるものと思っていた自分の魂が、時空を超えて無限大にまで広がる存在であるのを認識することになります。

天につく玉、地につく玉、人に宿る玉。
それぞれにつく玉はどれもが宇宙の霊性の思いからである。
その霊性が地上界を体験するために人間は生まれた。
玉とは魂のことだ。宇宙の霊性の思いであり、
その分霊にある人間の思いでもある。
命と共に魂の本分として生きることが真の人生だ。

解説の二十一　霊とは意識の本体

【神託】4-1

玉　それは思いじゃ　神の分けみたま（分魂）である　光りてぞある
耳のうて聞こえてくる　目のうて闇　見えてくる
口のうて語りてくる　鼻のうて香りてくる
火のうて暖かい　水のうて瑞々しい

4-2

すべてを知り　すべてにうるおひ（活癒）を与うるものとでもいおうか
私欲のない心でもあり　純粋で無垢でもある
人のまこと（真実）の姿であり　あらわれ（顕現）である

玉とは「魂」のことを指しており、その魂は思考そのものといっています。
そしてその思考とは、何かを意識するという意識の働きそのものでもあり、さらに、「魂」とは「霊的生命」のことをいうのですから、「思考、意識は霊の働き」であり、逆に「霊は思考、意識そのもの」といえます。

これは、魂というものが宇宙の霊意識から分離独立した存在としての霊であり、そのことからすれば、魂と宇宙の霊意識は究極的には一つなのですから、人間の実体は思考そのものであり、霊生命であり、超越的意識であるといえます。

ということは、自らの世界は自分の思い通りに変化させることも自在なはずです。

霊の存在には、目も、耳もないのに、すべてが見え、すべてが聞こえ、また、口も、鼻もないのに、いつでも、どこへでも、誰にでも思いが伝えられ、花の傍《そば》にいなくても好きな香りを嗅ぐこともできる。霊とはそういうものです。

このことを**《耳のうて聞こえてくる》《目のうて闇 見えてくる》《口のうて語りてくる》《鼻のうて香りてくる》**といっているのです。

これを霊耳《れいじ》、霊眼《れいがん》、霊口《れいく》、霊鼻《れいび》といい、**《火のうて暖かい》《水のうて瑞々しい》**この感覚は、前者の四つの感覚も含めて精神感応（テレパシー）によるものです。人間の実体は霊ですから、本来はそのような霊的機能をもっているのです。

【神託】4－3

人の世の今の世よりはるかに高き世に根をつなぐものなり
おおなおひ（大直日）とも たかたま（高魂）ともいうてな
それはそれは神々しい この世のものでないほどに
光放ちたきれいな玉じゃて

魂（霊命）の根元はこの三次元界にはなく、深遠なる高次元界にあるのです。

私たちの魂、または霊は、「天球」そのものです。つまり宇宙ということです。

事実、その実相は「光の球体」で、つまり、マロウ（完全円満）な状態にあって、スマル（完全清澄）な姿で、スベル（統合）の状態にあるといえます。

しかも変幻自在に姿を変えることができるその姿はまるで神のような存在です。

このような自らの実相にある本霊は、古より大直日《おおなおひ》、高魂《たかたま》などと呼ばれていて、この世のものではないと思えるほど美しく荘厳な光を放つ球状の姿にあります。

【神託】４－４

玉とはな　神さまからいただいた命とでもいうものでな
神さまのこと知ろうと思うたら　この玉を通じてでないと
結局わからんのじゃて
人が神の子というは　この玉をもちていうことなり

魂（霊命）は宇宙霊の分霊であって、宇宙霊の意思によって生命が現象化します。その宇宙霊の存在、宇宙を創造した大いなる霊的存在のことを知ろうと思えば、結局、自分の内なる魂（霊命）を通路としなければそれが何かを知ることは難しい。人間が宇宙霊の分霊とされるのは、この魂（霊命）をもっていわれているものだと、この一節において説いています。

【補足】

古代の日本では「玉《たま》」は球形というよりも、貴重な物としてとらえていた感があります。

そのようなことから、霊魂も大切な存在として「玉《たま》」としたのです。

よって「霊《れい》」もタマと呼び、「魂《たましい》」もタマとしました。この二つを合わせて霊魂《れいこん》と呼んでいます。

神道の教えに、人間には「一霊四魂《いちれいしこん》」が備わっているといいます。今では神道の中でのみ伝えられている霊魂の概念です。日本に古く伝わる言葉で、「人間は一霊四魂の働きによって成り立っている」というものです。

また、一霊四魂の一霊のことを「ナオヒ（直霊・直日）」と呼んでいます。

ナオヒとは、「宇宙の大いなる霊性とダイレクトに通じる高次の霊性」のことですが、因みに、ここにいう宇宙の大いなる霊性とは「宇宙意識」、または「宇宙の霊生命」のことを指しているもので、秘教霊学において「太霊《たいれい》」と呼ばれているものです。

古において霊の姿は太陽の光に譬《たと》えられるので、直霊は直日とも記します。

また、ナオヒは「モトツミタマ（本霊《ほんれい》）」ともいい、「本来の霊体」という意味で、人間生命の実体を表す言葉です。「宇宙の大いなる霊性」は古代インド・ウパニシャッド哲学にいう「ブラフマン」にあたり、現代の言葉でいえば、グレート・スピリッツとかサムシング・グレートと呼ばれるものです。

この「宇宙の大いなる霊性」を人々は古より「神」と呼び、「創造主」と呼んできました。

この存在に対し、古代インド・ウパニシャッド哲学での「アートマン」にあたるのが、「ナオヒ（直霊・直日）」、「モトツミタマ（本霊）」であり、これも現代の言葉でいうなら、「ハイアーセルフ」と呼ばれているものです。

古より伝わる神道の祝詞にそれのあり方、それへの向かい方が記されています。

「過ち犯すこと有らむをば神直日《カムナオヒ》、大直日《オオナオヒ》に見直し聞直しましまして……」という祈りの一文があります。これを少し詳しく説明しますとこうなります。

「もし、自らの心と行ないに誤りがあれば、自らの内の神なる霊性、大いなる本霊に、これまでの心のあり方や行為などに誤りがあったかどうかを見直し、聞き直してみる」。

そうすることによって、「人は宇宙の大いなる霊性であるところの神の守護が得られる」というような内容ですが、それではナオヒに見直し聞き直すことで、なぜ大いなる霊性の英知に通じ、またなぜ守護を得ることができるのでしょうか？

それには確かな理由があります。ナオヒとは本来その宇宙の大いなる霊性から分離した霊性だからです（これを古代では分魂：ワケミタマと呼んでいました）。

人間のその霊魂が肉体の中に留まっている間は、分離した霊性の状態で存続しますが、肉体を離れますと、宇宙の大いなる霊性のもとに戻り、そして統合されます。

ということから、ナオヒはその大いなる霊性と直接繋がった状態にあるといえます。

極論すれば、ナオヒの実体はその大いなる霊性それ自身であるといえるでしょう。

よって、「ナオヒに見直し聞き直す」という自らの心、言葉、行為を確認することは、宇宙の大いなる霊性にその是非をダイレクトに照合することと同じなのです。

終章　最後の救済、その真実

今、この地球には大きな変化が訪れています。

これを、次の新たなる世界に移行するための次元シフトの一環ではないか？　そう捉えている人々もいます。私もそう捉えています。

しかし、その人たち以外の大勢の人間は、その時期の到来を目の前にした時、自らの死を回避するためのさまざまな方法を模索することでしょう。

果たして次元シフトというものが本当に起こり得るのでしょうか？

マヤ暦の終了に到来する人類文明の終焉といった話もありました。

また、二〇一二年にフォトンベルトの訪れと共に同じく、人類文明が終焉するといった説もありましたがそれは起こりませんでした。

ではこれからはどうでしょう？　そんな出来事が本当に起きるのでしょうか？

明確なことは誰にも分かりませんが、確実にいえることがあります。

それは二つあります。

一つは、「誰の身の上にもいつか必ず死が訪れる」ということ。

人間に肉体がある以上、いつかは死ぬということです。

それがこの世に生を受けた人間生命の宿命であり、すべての生命の宿命であることです。だからこそ私たちは、「生命のある限り、生命の続く限り、魂の煌《きら》めくような人生を全うする、悔い無き生涯を送ること」。それが肉体を有する人間生命の最も大切なことであり、それがこの地上界に生まれた魂本来の意義ではないかと思います。

また、人間はたとえどんな時代にあっても、夢を失わず、希望を捨てることなく、自らの天分を追求する中で精神の向上を図らねばならない使命があります。

なぜなら、それが人間としての霊性を高め、人間生命の進化に繋がるからです。

それには人々に役立つ行いであり、人々が幸せになるような何かに努めること。それによって人との徳の関係を築くこと。それも含めて人格は向上していきます。それこそが霊格の向上、霊的進化に繋がる鍵です。

それを行うことは何も世紀末に限ったことではありません。幸福の追求は遥か古より定められた道であり、いつの時代においても、人間が求め、人間に求められてきたことなのです。

そしてもう一つは、「人類を救済する者は外からやって来るのではない」ということ。真の救済の力は、実をいうと、私たち人間の内なるところに存在するのです。そこに気づくことこそが、私たち人間の最も重要なテーマであるといえます。その力、その存在は、人類一人ひとりの心の奥深くに、太古から現在に至るまで、何があっても変わることなく、静かに、延々と在り続けてきた高位の霊性のことです。

それは本来、宇宙の神聖なる、大いなる霊性（宇宙太霊）と一つにあるもので、その高位の霊性こそが人間生命の実相なのです。

その事実を覚ったとき（これが仏教にいう悟りですが）、すべての呪縛から解放され、自分を自在に変化対応させていくこと（仏教の観自在力）が可能となるのです。つまり、自らの霊性を高めることに努めていれば、やがては、自分の実相である高位の霊性と対面することになり、そうなれば、もうそこには外の世界から受ける影響は何もありませんから、地球に大変動があっても心は影響を受けることなく、現象と無関係になります。そうして真の自由を得ることになるのです。

《玉が大事ぞ》《玉がすべてぞ》とは、本質的にそれを説いているのです。

この神託に説かれている大きな問題は、世界の大変動（アースチェンジ）を告げていることです。その大変動を前にして人それぞれがその生涯を全うする鍵が示されています。

一つは、**《恩の一部も返せんかったこと　心から詫びてくだされや》**の一文。

人は生きている限り、本人は知らないまでも、何らかの形で誰かに、迷惑をかけていたり、傷つけていたり、助けてもらっていたり、お世話になっていたりしているもので、相手が誰か分かっていればなおさらですが、見えない相手に対して、そっと頭を下げ、心の底から詫びる姿があれば、自らの運命を少し良い方向に変えることもできるでしょうし、そうならなくとも、次の世では幸運に恵まれることもあるでしょう。

それと、**《玉のすわる場　見つけませせい》**という一文。

これは、人生で叶わなかったことを嘆くよりも、そんなことに煩《わずら》わされないで、この世に生まれる直前に提示した「自らの意識の中に思い描いた人生のあり方、新たな世界での人生の理想的な意義を一日でも早く見つけるようにしなさい」、そのような意味でもあるでしょう。

三次元物質界への再誕の希望が高位の存在によって許可されることになり、その誕生の直前、自分の成し遂げるべき生き方をその高位の存在に提示します。

それは誕生後の使命ともなる生き方ですが、それを告げると同時に誓契《うけひ》をします。

それは誕生後に人生における夢とか理想といった形をとって現れてきます。そして誕生後、自分の心に芽生えた夢や理想が自身の光となって生き始めたとき、宇宙根元のエネルギーはその人の心の中の光をキャッチし、その光に引き寄せられるようにしてその人の心と体に注がれていきます。宇宙根元のエネルギーはその生命を生命たらしめる活力です。


宇宙根元のエネルギーの正体は宇宙の大いなる意志であり、愛です。

宇宙の愛はその生命がその時点で必要となるものに現象を適合させます。

愛は時に活力であり、時に安らぎであり、時に癒しとなりますが、それだけとは限らず、時にはそれと真逆の現象も適合させます。愛の働きは人間の思うような善や悪の概念の範疇に収まるものではありません。

愛の正体は天地宇宙に存在する生命の意志たらしめる働きなのです。

この世に愛の注がれていないものなど一切存在しません。

愛の働きなくしてこの世に存在し得るものなど何一つないのです。


愛は時にロマンティックな夢を育て、時にドラスティックな衝撃を与えます。

しかし時に悲劇が起こり、残酷な出来事に襲われるのも事実です。愛は神と共にある故に人間を幸福にし、またそれ故に不幸にもします。

神と共にあるはずの愛が、不幸にするなど神の理に合わぬように思うでしょう？
この世に悪人が存在できるのは奇妙にもその者の頭上に愛が注がれているからで、人を殺す武器にさえも愛の力は働いているのです。あり得ないことに思えます。
でもこれは事実なのです。この三次元物質界は一見すると矛盾だらけです。
この世に現象化された創造物のすべては愛の働きによるものですから、この世には何一つとして不要なものなどありません。それが魔物であってもです。


愛の働きと宇宙根元のエネルギーとは同じであって万物に注がれています。

魔物という存在も宇宙根元のエネルギーが注がれているから存在している訳です。

そのエネルギーが与えられなければ消滅します。それはどの存在も同じです。

いつの世も善悪を別けるのは人間側で、すべて人間の意志に委ねられています。

人間の魂には選択の自由が与えられていて、人生の道の選択は常に択一です。

決して宇宙の高次元の存在が決める（神が意志する）ものではありません。

今の自分の人生は自らが選択した結果なのです。いつの時代もそうです。


そのようなことから、人類の命運は人間ひとり一人の選択にかかっています。

その選択の向こうにその人間の未来の時空があります。人間は小宇宙です。

人間ひとり一人の内なる霊領域にそれぞれの小宇宙は存在しています。人間の意識はその小宇宙の中に存在しているのです。外の世界ではありません。

内なる小宇宙は不可侵であって、どんな存在も侵すことは許されません。なぜならそれが霊宇宙の玄理だからです。霊宇宙とは大宇宙のことを指します。

小宇宙の本体はこの大宇宙なのですが、小宇宙もまた霊宇宙に他なりません。霊宇宙には破壊という玄理が働かないので、そのことに私たちが気づけば、外の現象に惑わされることなく、振り回されることもなくなります。

私たちひとり一人の魂が内なるその宇宙の住人であることに気づき、その中に自らの意識を投入すれば、外の世界に対する選択は容易いことです。

ここに《**玉のすわる場　見つけませせい**》の真の意味があります。霊的意識の覚醒はそこにあります。この神託の最も重要となるところです。

《**玉が大事ぞ**》《**玉がすべてぞ**》という意味もそこにあります。

「最後の救済の真実」、その答えはここにあるのでした。

《別項》『龍と光の章』（『イナリコード〈第一巻〉』についての補完）

私の初著、『イナリコード（第一巻）稲荷に隠された暗号』は、これまで明らかにされなかった稲荷の秘密を開示したもので、それは、稲荷に対しての誤解を解くという説明から始まり、稲荷は字ではなく言霊としてのイナリで解釈するものであることや、イナリとは万物の生成、生命の法則であり、その理に沿って人間生命のあり方を知り、さらに、わが国の神道の基盤となる神聖性の感得にあること。そして、わが国の古文書（古事記・日本書紀）に記された天岩戸開きの秘儀が旧約聖書に記された聖櫃《アーク》の聖蓋《せいがい》を開ける秘儀でもあり、キリスト復活の秘儀でもあったということ。そしてまた、その扉を開く鍵は、生命の永遠性が約束された霊的次元の扉を開く鍵でもあり、それは天皇家における皇位継承の璽《しるし》であるところの「三種神器《さんしゅのじんぎ》」にその秘密が隠されてあったことなど、さまざまな稲荷の秘め事を綴っています。

そこでその著書で解き明かした「天の岩戸開き」の秘儀は、この神託にいう「光を放つ」という意味と関連する話でもあるので、その神話と合わせて、さらに掘り下げて説明したいと思います。

本書、『最後の救済《土公みことのり》』の神託の中で意味深なのは、「白い龍」「黒い龍」です。この二つの龍に深く関わるところが「光を放つ」という意味ですが、これらの関係にどのような意味があるのでしょう？

まずは「白い龍」と「黒い龍」についての検証から始めます。「白い龍」と「黒い龍」の属性は、一般的に「聖」と「邪」ということになります。次の「光を放つ」ですが、この神託では「魂の光」に関係することが分かります。そしてこの「光」と「二つの龍」は相関関係にあるようで、そこに因果的な暗示もあるように思います。掘り下げると、「白い龍」に仮託された意味は、「過ちを省み、以後の生き方の糧として新たな創造に向かう者の支援」、「深遠で精妙、包括的な愛による許し」、「霊的進化に向かう者の守護」など。「黒い龍」に仮託された意味は、「怒り、貪り、嫉妬、憎悪の心を操り、暗黒に貶める邪悪性」、「魂を呪縛し、自由を奪う支配力」、「霊性の進化に向かう者の妨害」などが挙げられます。さらには、「黒い龍」の支配や呪縛から人々を救う働きを担うのが「白い龍」という存在であり、その「白い龍」の放つ力が「光」でもあるということが示されているように思えます。

しかし、そもそも「龍」とは何なのでしょうか？　「龍」にまつわる不思議な伝説は数知れず、世界中の至るところに見てとれます。その話については次回作となる著書、『イナリコード（第二巻）龍宮編』で明らかになりますが、そのあらましは次のページでお話しするとして、先ほど述べた『イナリコード（第一巻）稲荷に隠された暗号』の「神話の章（古文書＝古事記・日本書紀）」のくだりの「天の岩戸開き」の説明で、その神話の真の意味を解説していますが、実はそこに書き足したいもう一つの意味があります。それは、「暗黒の呪縛の罠である、ネガティブな魔力に囚われた心は自力で脱け出すことが難しい」というものです。そのような意味も含まれた神話だったように思います。さらにこの「天岩戸開き」は、イザナミの崩御（死）神話ともリンクするものです。イザナミは、最後に産んだ子が火の神のカグツチだったことでホト（陰部）が焼かれ、身罷《みまか》って（死亡して）しまいます。妻神が亡くなって嘆き悲しむイザナギは、恋しさのあまり黄泉国《よみのくに》(死者の国)に去ってしまったイザナミを訪ねますが、驚いたことに黄泉の暗闇の世界で目のあたりにしたイザナミの姿は醜く、雷《いかづち》(怒りの火)を身にまとった蛇身と化していました。イザナギはそれを見て失望し、その場から立ち去ります。夫に姿を見られたイザナミは怒り狂って号令を発し、醜女《しこめ》(黄泉国の鬼女)の群れが放たれます。醜女らに追いかけられ危機一髪というところで身の穢れを祓う神たちがそれらを追い払い、無事救い出されるという話です。しかし、なぜイザナミは黄泉の国で蛇身になったのか？ なぜその世界は暗闇なのか？

そこがアマテラスの天の岩屋隠《ごも》りの真実を解く鍵となるところです。

そこで、アマテラスの天岩屋隠りの「隠り」についてですが、そもそも「お隠れになる」という言葉は逝去(死亡)を表すものですから、アマテラスが岩屋にお隠れになる(お亡くなりになった御方が岩屋に入る)ということは、その岩屋は陵墓を指すものと解釈できます。そうだとすれば、アマテラスの岩屋隠りはイザナミの黄泉行きと同じであることが分かります。但し、アマテラスが蘇ったのに対し、イザナミの蘇りは成されませんでした。代わりにイザナギが黄泉返り、禊ぎをもって蘇り（生命の復活）を果たすことになるのです。この話は秘教霊学によれば「死と再生の儀礼」という解釈になります。「エゴの死を経て、新たに高い霊性を得る」というものです。高次の霊性を得るには利己的エゴは手放さなければなりません。「岩屋隠り」という陰の面に対し、「岩戸開き」は再び姿を現す陽の面に変化します。これは「蘇命《そみょう》（甦生力）」を表したもので「生命の復活」という意味になります。「天岩戸開き」の神話によると、スサノオのあまりにも乱暴なふるまいに対する抗議として、アマテラスは天の岩屋に閉じ隠ることになります。

アマテラスの光（太陽の光）を失った高天原の世界は真っ暗闇になり、困り果てた神々は神議りに議りて（神の会議を重ねて）一計を図ります。神儀のクライマックスではアメノウズメが裸舞をもって渾身の神楽を舞うことで高天原の神々の笑いを誘い、神儀を担った神々はアマテラスが岩屋から出て頂けるようそれぞれが創意工夫を凝らします。ウズメの舞の姿（裸舞）に神々は響《どよ》めき、その裸舞に大笑いする声が響き渡ったので、奇妙に思ったアマテラスは岩戸に少し手を掛け、岩戸の隙間から外を覗くと、高天原が明るく光り輝いています。しかも向こうからもこちらに光が差し込んでいるではありませんか(実は、男神の一人が、両手に持った榊の枝に掛けられた鏡に外を覗いたアマテラスの放つ光が反射していたことが原因だった)。

もしや高天原には自分と同じ神がいるのか？と訝《いぶか》し気に思った瞬間に、その隙をついてタヂカラオの神が渾身の力を込めて岩戸を引き開けて、岩戸に添えていたアマテラスの手を掴んで岩屋の外へ引き出すことに成功、お出まし頂いたとあります。

さて、この神話の要点は先ほどの「エゴの死」と「高い霊性を得る」ところですが、私たちが今いるこの世界においての生き方にもこの玄理は大いに応用できるものです。

とはいえ、日ノ神(太陽神＝天上界の光の神)でさえも、高天原の神々の力添えがなければ自分ひとりで岩屋の暗闇から出ることは難しいようでしたので、人間ならばなおさらのことです。人間は、自分自身の力だけでは生きていくことすらも、闇から抜け出すことさえもできるものではありません。自らの心に神の在《ざい》があり、あるいは神の在を信じ、神に通じる祈りの時間を忘れない生き方にあるなら、神々はその人間の魂の救済に力を惜しむことはないでしょう。また、スピリチュアルな世界観に傾倒し、現実の暮らしを疎《おろそ》かにする人々に高次の霊性は警笛を鳴らします。

私たちが三次元物質界に生を受けた理由は、魂が肉体に置かれた状態で不自由な重力の世界をどのように乗り越えて行き、どのようにして人生を全うするかというところにあります。重力は距離と時間と位置との関係によってこの次元のあり方を決定づけている訳ですが、そんな制約のある次元に置かれた中で物事を成すこと、つまり、自分の思いや目的をやり遂げること、それには忍耐を要します。この次元では思ったようにはいかないことが多々あり、それが原因で心がネガティブになってしまったり、この世界のマイナス面がやたらと目がつくような癖がついてしまったりと、そのような思考から抜け出せずに、悲劇的な人生を送る人も少なくありません。しかし、人間生命がこの次元に生を受けたのはそういう人生を送ることではないのです。

この次元は意のままにならないことが多い、それでもヒラメキをもって様々な問題を解決していく。創意工夫とか、努力などを重ね、不自由な世界から数多くの自由を手にし、限られた命の世界を創造的に楽しいものにしていく。そういうところに人間生命の本来の意味があるのです。三次元物質界での人間生命の役割とは、

「ネガティブをポジティブに変換し、新たな世界を造り成す精神作業」にあるのです。

そのためには精神性を高めていく努力が必要となります。とはいえ、人間生命の価値はこの三次元物質界を選んだうえでの霊性の進化にありますから、フィジカル（肉体）な面を疎かにしてはならず、精神面と同じくらいに肉体面も大切にする必要があります。

この神話が示すメッセージには「光を取り戻す」、言い換えれば「命を蘇らせる方法」が説かれています。「光を取り戻すこと」、それは精神領域の作業ではありますが、生きるパワーを取り戻す意味でもあるので、その作業は肉体上の「命の蘇り」を示すものでもあるのです。「光を取り戻すこと」は精神面の作業であり、肉体面の作業でもある訳です。

人間生命が肉体をもって生きるうえでは、物心両面のバランスを取ることに意味があり、そこに生きる価値が見えてきます。三次元物質界ではその両方の作業が大事なのです。

それではここで「命を蘇らせる」ということの肉体面での意味を考えてみましょう。

三次元物質界での「命の蘇り」は生命の甦生を表し、生命力活性を意味しますので、この神話で神々が「大笑い」する場面は、これをフィジカルの面に当てはめてみると、生命エネルギーの活性のメタファーとして捉えることができます。実際、「大笑い」は生命エネルギーの活性に大いに役立ちます。「大笑い」では上下腹部のインナーマッスル（深層筋）が大きく伸縮しますので、腸の蠕動運動をスムーズにし、全身の血行が良好になります。また、幸せホルモンといわれるセロトニンが脳内から多量に放出されるので至福感に満たされるということにもなります。「大笑い」はそれほど身体を壮健にする効能がある訳ですが、でも、そうそういつも笑えないという人には、それに代わるものとして「腹式丹田呼吸」という方法がありま す。「大笑い」は面白いことがあったから自然に湧き起こるものですが、「腹式丹田呼吸」の方は、この呼吸を繰り返していると脳内からセロトニンが分泌され、心は平穏になり、愉快にもなって、いつしか至福感を覚えるようになります。結果は「大笑い」と同じ効用があります。

続いて「ウズメの舞」ですが、この神話ではアメノウズメが神楽を舞うシーンです。ウズメは渦目のことでもあり、渦の舞は、星間宇宙や地球全体を取り巻く宇宙の根元エネルギー（氣）の螺旋動であり、円環運動（トーラス：螺旋、回転、メビウス運動を伴う宇宙のエネルギー流動）」のことです。旋回を主とした神楽舞はその体現といえます。この螺旋舞を行うと、宇宙の根元エネルギー（氣）が体内に流入し、それは全身を循環することになります。そのようになることでやはり身体は壮健になります。また、その舞が裸舞（衣一枚で、乳房や陰部を露出した舞）であったのは、聖なるイノセントであったこと。それは、穢れなき純粋性からくる神聖なる真空意識の為せる業だったのでしょう。

続いて「光」。この神話では、アマテラスは太陽神、光を放つ存在であることです。天の岩屋に閉じ隠ったアマテラスの姿は、いつかは暗闇に陥ることになるかも知れないという私たち自身の姿なのかも知れません。人間は誰の心の奥にも神性が宿っています。

誰の心にも光が内在しています。それは、自らの本体が深遠なる宇宙霊（神）の属性である魂の存在であるからです。これを神道では神の分霊（分魂：わけみたま）と呼んでいます。

その魂の光（波動）を自分の内面に放つと自身の弱い部分や欠けた部分に光が当たり、それを繰り返すと軌道修正がなされていきます。それも大事な作業ですが、この神話のいわんとするところは、その光を周囲に向けても放ってみることの重要性を伝えるものです。人は、自分の本当にやりたかったことに出会って（これを神託では「玉のすわる場」と呼んでいます）、それに集中し、ひたすら邁進している中で、魂は自然と光り輝き出すようになります。そのように自らがただ光り輝いているだけで、意志しなくても自然に周囲の人々に魂の光エネルギーは伝わっていくものです。発光が大事なのです。宇宙の円環運動によってその高度な光（波動）が巡りに巡って、自分にも、また人々の方にも戻ってくるようになり、地球のすべての生命が高次元の光（波動）に満たされるようになります。そうあって、すべての生命は高次元からの祝福を受けることになるのです。これこそが稲荷奥伝（イナリ秘教）の奥義とするところです。

最後に「岩戸開き」です。ここでは、大変な力持ちのタヂカラオの神が天の岩戸に手を掛けてそれを引き開ける場面です。この場面では「力強さ」の重要性が暗示されています。タヂカラオの「力強さ」はフィジカル（肉体）の価値を伝えるものです。ネガティブから脱出するには精神面の鍛錬だけでなく、同時に、肉体面の鍛錬も必要だといっているようです。生き方が精神面ばかりに傾いてしまうと、かえって精神のバランスを崩してしまいがちになるものです。健全なる精神を養い、丹田を中心とした体幹形成と、筋力強化を主とした体伎の実践が健全なる身体形成の鍵となるからです。

ところで、ここにいう「生命の復活」とは死した人間が生き返るというのではなく、生きながらも死んでいるような状態にある者に命の息を吹き込み、命の蘇りをもたらす（新たな人生を生きる）方法を示すもので、アマテラスに置き換えれば、暗闇の岩屋に閉じ隠ったままでいれば、イザナミと同じように黄泉の暗闇に棲む醜い蛇身（邪心に通じる）になってしまう恐れがあり、そこを配慮し、鏡の錯視により再びアマテラスに光を取り戻して頂くよう、以前のように高天原の世界を明るく照らし出して下さるようにという神々の願いでの「天の岩戸開き」の神儀であったと思われます。と思いますが、それともひょっとして、これはイザナミの黄泉返り（蘇り）を成し得なかったイザナギの事例を繰り返さないための、スサノオ自らが神仕掛けをしたことなのかも知れません。ハテ？　スサノオの狼藉《ろうぜき》はＤＶだったのか、それとも救済のためだったのか？

さてここで、前に述べた「白い龍」と「黒い龍」の話に戻ります。「白い龍」は光であることはこの章の始めに説明しましたが、それはアマテラスの光波でもある訳です。

それによって「深遠で精妙、包括的な愛による許し」、「霊的進化に向かう者の守護」がもたらされます。これに対し「黒い龍」は闇の蠢《うごめ》きにあります。それは「怒り、貪り、嫉妬、憎悪の心を操り、暗黒に貶める邪悪性」、「魂を呪縛し、自由を奪う支配的力」、「霊性の進化に向かう者の妨害」などの働きを人の心にもたらします。これらのことは冒頭で説明しました。このように「黒い龍」は粗暴なエネルギーの顕在化にあるので、スサノオの荒ぶる力の現れと見ることができます。かたやアマテラスをして、光を求める者、光の道を歩み始めた者、光に照らされていることに気づいていない者、自らが認識していなくても光を内在している者、光と共にあり光の中で光を放つ者など、これらの者は皆等しくネガティブという闇の力の洗礼を受ける定めにあります。なぜなら、闇の働きであるところのネガティブなエネルギーは、光と共にある者がさらなる光の次元に進むためのジャンプ台に他ならないからです。ということは、闇の働きは人間生命の霊性を向上させるための仕組みとして不可欠な役目を担っていそうです。その仕組みはまるでアマテラスに向けて神仕掛けをしたスサノオ自身のようです。宇宙に必要でないものは何一つ存在することはありません。闇もまた必要があって存在しているという訳です。

ということは、スサノオの正体は闇の力をもつ粗暴な神であるどころか、魂の救済者であったのかも知れません。アマテラスに乱暴・狼藉を働き、タカミムスビ（高天原の神々の最長老）に罰せられて、地上界（出雲の地）に追放されたという話は果たして本当なのでしょうか？　秘教霊学に照らしてみると、古文書に記されたスサノオの話と違った姿が浮び上がります。歴史には常に表と裏があるものです。そのようなことからすると、闇を恐れることはないということ、むしろ、霊性向上のチャンスと捉えた方がそれの回避に繋がります。ネガティブなエネルギーこそが自分をさらなるステージへと向かわせてくれるパワーであると捉え、胸躍り、心は高鳴る思いで、ネガティブなエネルギーをポジティブなエネルギーに変換することが、霊性の向上、魂の進化となる奥義です。この神託に語られている「**心に光をもたば白き龍の後に続けよ**」という意味は、この章の冒頭に説明したように、ポジティブな方向に心を向けて進みなさい、思考をポジティブに変換しなさいと諭《さと》しているように思えるのです。そう思うのはこの私だけでしょうか？　私たちのそれぞれが心に魂の光を見ること、高次元の光を捉えること、そうすることで、その行為は世界中の人々に次第に、確実に伝播していきます。

とはいっても、この世界にはあまり時間が残されていません。もう十数年も前に世界の終焉に向けて、そのカウントダウンは始まったのですから……。

おわりに　イナリコードの内容とその流れについて

このサルタヒコの霊統によるメッセージ、「土公みことのり」がもたらされたのは、京都伏見の稲荷山で白翁老（霊人）と遭遇したことに深い関係があるように思います。

後に、何かに引き寄せられるように鈴鹿山麓の椿大神社（猿田彦大本宮）を訪ねることになり、サルタヒコの墓とされる土公神陵で霊言（神託）を受け取ることになったのですから、その何かとはやはり稲荷とサルタヒコ（猿田彦大神／稲荷三神の一柱であるサダヒコオオカミ：佐田彦大神と同体）との深い神縁の業なのでしょう。その話は冒頭に述べた通りです。

また、私が稲荷山を訪ねることになったのはなぜか？という話も冒頭で述べた通りなのですが、その稲荷山を通して私が知ることになるのは、稲荷の奥に隠されたもう一つの稲荷の玄妙なる世界、天地の創成と生命創生の玄理を表象的暗号という方法で古文書に封印した、まさに古代世界にまたがる日本の神々の一大叙事詩というべき事柄でした。

その概略を二〇一五年に出版したものが『イナリコード〈第一巻〉稲荷に隠された暗号』です。これは稲荷神道では稲荷奥伝としていますが、本来はイナリの秘教書で、稲荷の秘密開示の初本として位置づけています。

この書は次の『イナリコード〈第二巻〉龍宮編（鞍馬山から壇ノ浦、そして飛騨位山へ）』へと続き、最終章となる『イナリコード〈第三巻〉火の鳥編（天香久山から磯砂山へ、阿波剣山へ）』へと続きます。その第二巻、第三巻を通じて解き明かされる内容はおよそ次の通りです。

祖母を依り代としていた《龍王》の謎を解き明かすために、わが家から姿を消して、行方知れずとなった《宝剣》を、言霊に導かれながら探し求めるというところから話は始まります。

亡くなった祖母の霊身を探し出そうとする《龍王》の蠢きが、《宝剣》の行方を探し出そうとする行動に私を駆り立てることになります。その探索にある中で、《龍》と《剣》が「生命の聖なる復活」に関係することを知ります。

そしてその《剣》となるのが「卍」であるらしいことを突き止め、飛騨高山の位山に行き着くことになり、そして、その山で不思議な《光》と出会うのです。私はその《光》の中に入ろうと試みますが入れずにいます。すると、「人間生命が《聖なる光》を迎え入れ、それと一つになるには《二つの龍の働き》が不可欠である」という言葉を《龍王》から知らされます。

その《宝剣》を追いかけているうちに私は《龍王》の正体を知ることになるのです。そしてその《龍王》の口から新たな謎が投げかけられることになります。それが次の内容です。

「飛騨の位山に隠された《剣》。またの名を《両面宿難《りょうめんすくな》》という人物に封印された存在は誰か。位山に座す《人面龍身》が守護する太陽神殿とは何か。その神殿には人類の未来に関わる重要な《鍵》が暗示されているが、その意味は何か。《両面宿難》が開山した飛騨千光寺には何が隠蔽されているのか？　その飛騨千光寺と法隆寺の夢殿に置かれた秘仏・救世《ぐぜ》観音はどのような関係にあるのか？　また、その法隆寺にある未来仏の祈りの手に包まれた摩邇《マニ》宝珠《ほうじゅ》とは何を意味するものなのか？　密教において、古より語り継がれてきた永遠なる生命の息づく聖都《シャンバラ》とわが国に伝わる《常世《とこよ》》はどのような関係になるのか？　その聖都の入り口となる《神秘の扉》を開けるものは誰か？　その《扉》を開けるには《火の鳥》の正体を解き明かすことが条件となるがそれはなぜか？　それらの存在は、金星の神々が太古にこの星（地球）に降り立ち、原始生命体を人類という姿に変容させた生命進化の玄理となるもので、それには地上の人類が天上の世界に帰る方法も示されていた……」

イナリの暗号の解明は、伏見稲荷から鞍馬へ、鞍馬から壇ノ浦へ、壇ノ浦から丹後へ、丹後から熱田へ、熱田から飛騨高山の位山へ、位山から斑鳩へ、飛鳥へ、さらに、古代中国へ、古代インドへ、古代エジプトへと、日本から世界の太古の足跡を巡り、神代の謎を紐解きながら《常世の門（＝シャンバラの扉）》の世界へと展開していきます。

その次元を経ることで、人類の未来は第二惑星の霊的時空にリンクしていくことに……。

これらの謎の解明はすべて、「太古の神々が後々の人類のために用意してくれていた霊的な命のエボリューション・マトリックス（進化基盤）であった」のです。あるいは、「後の世で人類が霊的目覚めを迎えるにあたり、古の賢者がそのマトリックス・コードをシンボル（表象）化して残したものだった」と言い換えることができるかも知れません。

なぜ、そんな面倒くさいことをする必要があるのか？という疑問もあると思いますが、霊的次元は直感的認識の世界なので、形象から意味を理解する、言い換えれば、形象をシンボルとして認識するという表象言語で成り立っているからです。古の賢者は霊的な次元に通じている存在なので、そういう方法をとるのが自然だったのでしょう。

ところで、第三巻をもってイナリコードの最終章とするつもりではいますが、紙数の問題で第三巻には収めきれないエピソードもあり、それを第四巻として出版するべきかどうか？はまだ決めていませんが、もし出版の許可が下りれば日の目を見ることになるかも知れません。

《近未来に開かれる五次元への聖なる扉》を示すこの内容は、人間生命が五次元の聖領域に帰還する《鍵》ともなる七次元の法則についての内容で、人間生命が霊性の向上を目指す中で、それを阻害する重力と暗黒のエネルギーに対する最後の砦となるところの《太陽神殿の扉》の話であり、逆をいえば、重力制御の玄理を伝える話でもあるので、それを開示する時期は、やはり十数年、否、二十数年は待つことになるのではないかと思っています。

せめて世界の人口比率が一〇％を超えるくらいに人類が自らの徳性の向上を迎える日までは……。　しかし、私たちの今の世界にそんな余裕があるのでしょうか？　それも天の采配なのか？　悩ましい限りです。

因みに、わが国では遥か古代より、その「永遠なる生命が約束された世界」のことを「常世国《とこよのくに》」と呼んでおり、同じくチベット密教では古くより「シャンバラ」という名で呼ばれてきました。そこは地底の異次元空間にあるといわれてはいますが、肉体のままでそこに踏み入ることは許されないとされています。

その世界は地底にあるといえばあるのですが、地底にあるという訳でもなく、そこは次元のあり方についてのことで、サルタヒコ（猿田彦神）がなぜ八衢《ヤチマタ》の神と呼ばれたのかという話にも繋がることなので、そこは『イナリコード〈第三巻〉火の鳥編』で触れたいと思います。

著者紹介

太礼道神楽伎流 宗家 丹阿弥　久世東伯

1990年より京都伏見の稲荷山の神仙「白翁老」より「イナリフトノリ」の指南を受ける。

2006年に京都にて太礼道神楽伎流を旗揚げ。

以後、数々の太礼神楽の祭礼を執り行うと共に、2007年より神楽舞の動きを基礎にしたワークの伝授のため教室を展開。同時に講演活動、執筆活動に従事。

著書『イナリコード』(今日の話題社)

イナリコード外伝　日本の霊性、最後の救済

――サルタヒコの霊統によるメッセージ《土公《つちぎみ》みことのり》――

2019年6月20日　初版第1刷発行

著　者　　久世東伯（くぜ とうはく）

発行者　　高橋秀和

発行所　　今日《こんにち》の話題社《わだいしゃ》

東京都品川区平塚 2-1-16 KK ビル 5F

TEL 03-3782-5231　FAX 03-3785-0882

印　刷　　平文社

製　本　　難波製本

ISBN978-4-87565-645-6　C0011